シリーズ「遺跡を学ぶ」030

赤城山麓の三万年前のムラ

下触牛伏遺跡

小菅将夫

新泉社

赤城山麓の三万年前のムラ
―下触牛伏遺跡―

小菅将夫

【目次】

第1章　「環状ブロック群」の発見

1　下触牛伏遺跡の発掘

広大な赤城山麓の裾野と遺跡群

下触牛伏遺跡《しもふれうしぶせ》は、群馬県の南東部、赤城山《あかぎさん》の裾野の末端部に位置する（図1・2、なお、発掘調査報告書では、下触を「しもふれ」としているが、大字名は「しもふれい」が正しい）。

赤城山は数万年前までの噴火が確認されている複式火山（最高峰・黒檜山《くろびさん》の標高は一八二八メートル）である。その裾野は広大で、標高七〇〇メートルのあたりからゆるやかな地形となって標高九〇メートルのあたりまでのびている。

裾野には樹枝状《じゅしじょう》に川が流れ、その南麓はなだらかな南傾斜の無数の細長い台地によって構成されている。下触牛伏遺跡はその裾野の末端近く、標高九四〜九六メートルほどの、西を神沢《かんざわ》川《がわ》、東を西桂川《にしかつらがわ》に区切られたやはり細長い台地上にある（図3）。

遺跡の北北東約八〇〇メートルには、通称石山《いしやま》とよばれる赤城山の火山活動によってできた流山《ながれやま》があり、そのすぐ南には、岩宿《いわじゅく》遺跡の発見者として有名な相沢忠洋《あいざわただひろ》氏が一九六七年に発掘調査し、大量の大形の石槍《いしやり》が発見された縄文時代草創期初頭の石山遺跡がある。

南方約五〇〇メートルには上武《じょうぶ》国道が南西から北東に走っており、その建設にともなって、堀下八幡《ほりしたはちまん》遺跡、飯土井二本松《いいどいにほんまつ》遺跡などの岩宿時代（日本列島の後期旧石器時代について著者が使用している名称。詳細は第2章参照）の遺跡が発掘されている。さらに南には、北関東横断道路の建設にともなって、波志江西宿《はしえにしじゅく》遺跡も調査されている。また、その二キロほど東で、上武国道と北関東横断道路は伊勢崎インターチェンジとなって交わるが、その付近にも、書《かき》

図1●赤城山とその南東部にひろがる広大な裾野

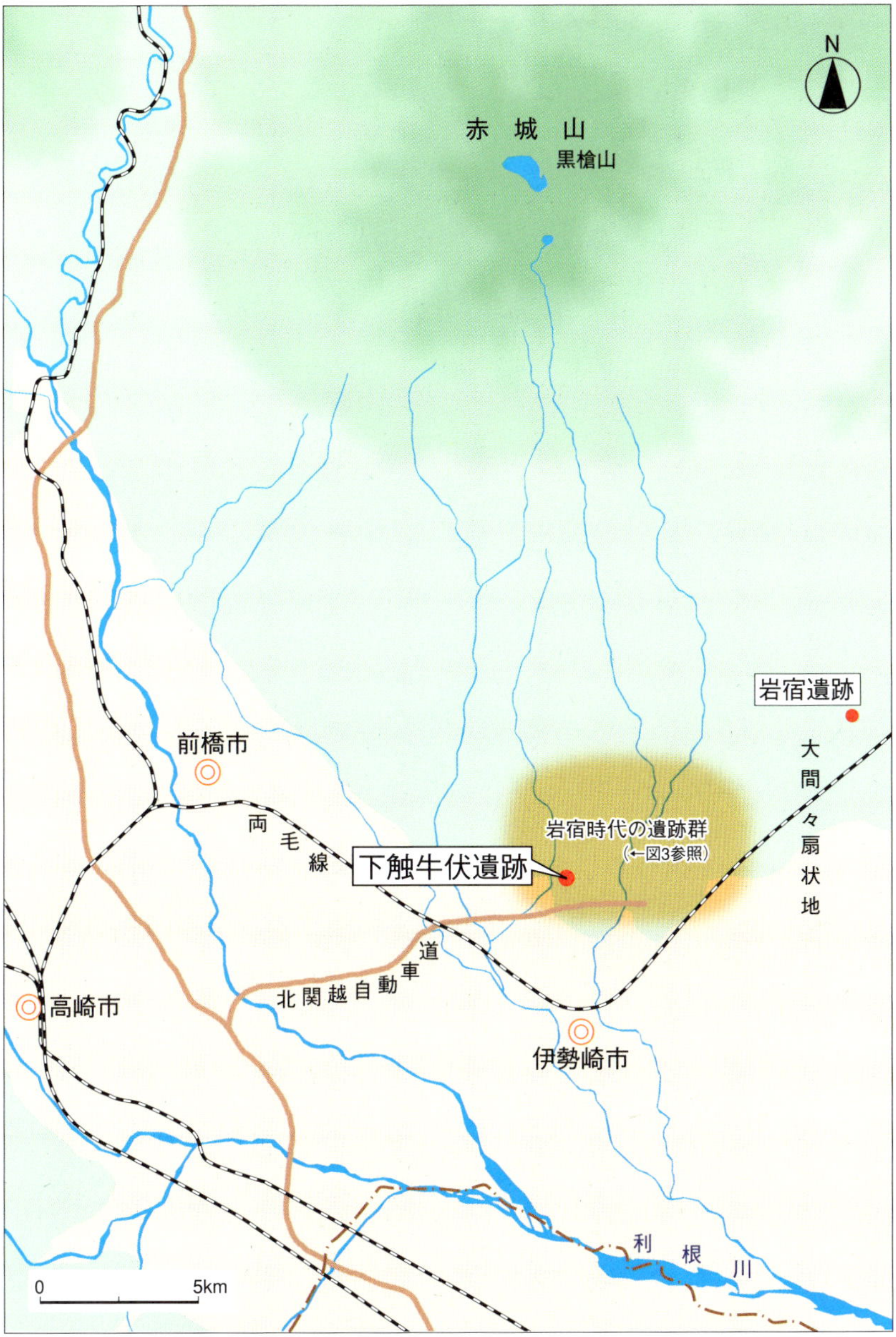

図 2 ● 赤城山南麓と下触牛伏遺跡
赤城山の南麓側は裾野がひろがり、その東側の大間々扇状地とともに、なだらかな地形が関東平野へとつながっている。遺跡はその裾野の末端に立地している。

上本山《あげほんざん》、書上《かきあげ》、三和《さんわ》工業団地、大上《おおがみ》遺跡などの遺跡が集中している（図３）。こうしてみると下触牛伏遺跡付近は、岩宿時代の遺跡が多く、いくつもの細長い台地上に遺跡が密集した遺跡群が展開されている地域なのである。

下触牛伏遺跡は、この台地の内を波志江沼《はしえぬま》から北へのびる小さな川によって分けられた台地の西側で、それに向かうように南東方向に多少傾斜した台地上に位置している。岩宿時代の遺跡は一般的に小河川から台地に上がった部分の地形変換点付近の平坦地に位置しているが、下触牛伏遺跡の場合には、縁からやや台地のなかに入った部分という立地の特徴がある。

図３ ● 下触牛伏遺跡の周辺にひろがる岩宿時代の遺跡群
図の右側にある粕川以東が大間々扇状地となるが、赤城山の裾野とともに多くの岩宿時代遺跡が集まっている。

下触牛伏遺跡の発掘

下触牛伏遺跡の発掘調査は、群馬県立障害者リハビリセンターの隣接地に障害者スポーツセンターを建設するための「緊急調査」として実施された。このスポーツセンターには野球場や陸上競技用トラック、テニスコートなどを設置することが予定され、広さは南北、東西ともに約二〇〇メートル、面積は約四万三〇〇〇平方メートルにもおよんでいた。

発掘調査は、一九八二年一一月から八四年三月まで、群馬県埋蔵文化財調査事業団によって実施された。まず八二年度は、その範囲内にどのような遺跡が存在し、どの部分をどのように発掘するかを明確にするための確認調査がおこなわれた。その結果、二万八〇〇〇平方メートルについて本格的な発掘調査がおこなわれることとなった（図4）。

本調査では、岩宿時代の遺物が含まれているローム層よりも上層にあった古墳やその時代の竪穴式住居跡《たてあなしきじゅうきょあと》の発掘を中心に進められたが、この竪穴式住居跡の多くは掘りくぼめた床面がローム層まで達していて、住居跡の壁にあたる部分のローム層から石器が発見されたのである。ローム層から出土したということは、岩宿時代の遺跡がその周辺にあることを意味している。

翌八三年度は、岩宿時代の石器が発見されていた場所を中心に発掘調査がおこなわれ、一五〇〇平方メートルの面積から、「第I文化層」（文化層とは、人間の生活の痕跡が残された地層のこと）の石器群一六三七点が発見された（図5）。

この石器群はローム層でも上層部から出土しており、岩宿時代のうちでも後半期、ナイフ形石器と槍先形尖頭器《やりさきがたせんとうき》を中心とする石器群で、群馬県内ではこの時期の標準資料となるもので

図4 ● 空からみた下触牛伏遺跡
東北側上空から望む。遺跡手前には波志江沼に流れ込む谷があり、写真のほぼ中央がその谷頭となる。なお、中央右から左にみられる谷状の地形は古代末から中世の用水路跡、「女堀」である。

図5 ● 下触牛伏遺跡の発掘風景
上層の第Ⅰ文化層の発掘調査の様子。岩宿時代の遺跡では、縄文時代以降にみられるような竪穴式住居といった土を掘り込んだ遺構はほとんど発見されない。

あった。

その後、より下層の石器群の有無を確認するための調査が実施され、上層の石器群と一部範囲が重なる約一六〇〇平方メートルの範囲から、より下層のローム層である暗色帯《あんしょくたい》中から多数の石器（第Ⅱ文化層）が発見されたのである。

しかし、この時点では、石器群の範囲の半分が掘り終わったのみであった。そこで翌八四年、第二次調査として、それらの西側約一〇〇〇平方メートルを調査して、その石器群の全体の調査を終了したのである。

2 「環状ブロック群」の発見

明らかになった円形の配列

さて、発掘調査が終了したのちは、その出土遺物あるいは発掘調査時に記録した図面類や写真を整理し、その遺跡の内容を公開するために報告書を作成するのが通常である。下触牛伏遺跡の場合にも、八四年四月から八六年三月までの二年間、報告書を作成するための整理期間がもたれた。

下触牛伏遺跡の発掘調査は大規模であったために、数名の担当者が発掘調査にあたっており、岩宿時代分の整理担当者の岩崎泰一《いわさきよしかず》氏もすべてに関わってはいなかった。そのため発掘現場で作成した小範囲ごとの詳細な分布図を貼り合わせて合成してみてはっきりした円形の配列をもつことがはじめてわかったのである。

それは一九八五年、現場で方眼紙に石器の出土地点を記した元の図面を、そのまま縮小コピーして張り合わせただけの全体図が、報告書作成のために整理作業をおこなっていた岩崎氏の机の脇の壁に掲げられていたときのことである。

はじめて下触牛伏遺跡の石器分布図（図6）を見たときの驚きはいまも忘れることができない。その石器の分布は明らかに正円形を示し、直径五〇メートルにおよんでいたのである。その当時は、こうした発掘例ははじめてだったこともあって、著者の指摘に、岩崎氏も驚いていたようであった。

それは、数家族がまとまって狩

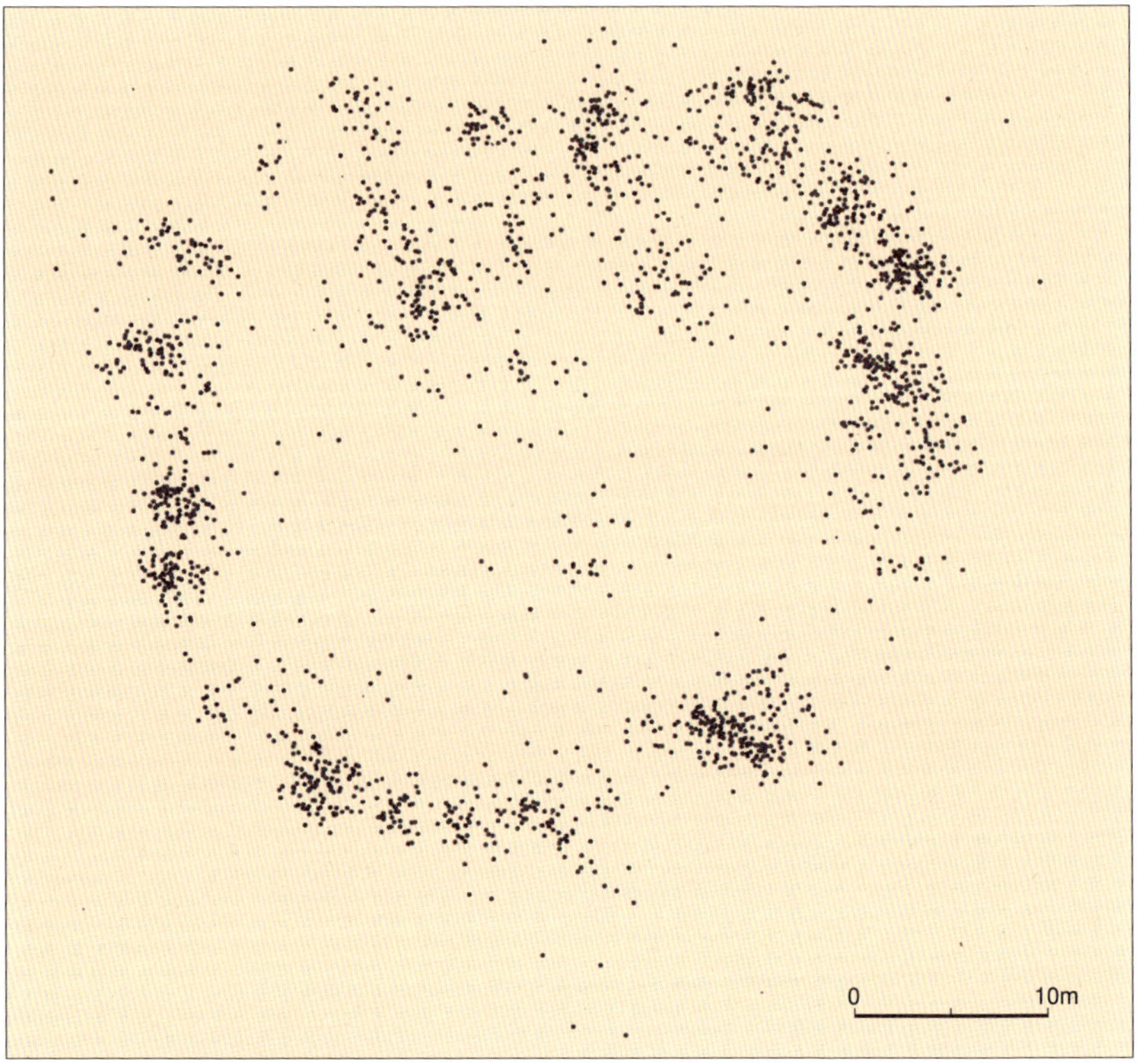

図6 ● 下触牛伏遺跡の石器分布図
一つひとつの点は、石器の発見された位置を示している。そのドーナツ状の分布は、偶然できたものではなく、当時のムラの姿を示していることを直感させた。

猟・採集活動をしながら移動生活をくり返していたとされる岩宿時代の生活のイメージとは明らかに異質だった。岩宿時代という太古に、これほど整然とした「ムラ」が存在したことに、ただただ驚くほかはなかったのである。

全国にひろがる「環状ブロック群」の発見

一九八六年、下触牛伏遺跡の発掘調査報告書が刊行された。報告書であるため客観的な記載ではあったが、石器の実測図やブロックの出土状況図のほか、多数の石器接合資料の紹介、遺物の台帳が公表され、その後の分析研究を十分可能にしていた。

報告書が刊行されると、学界ではその特異性が注目を集めることとなった。翌八七年には、橋本勝雄《はしもとかつお》氏と須田良平《すだりょうへい》氏が、岩宿時代の定形的な遺跡、ブロックの集合体として下触牛伏遺跡を考えなければならないとして、その他八カ所の遺跡とともに、「環状ブロック群」と名づけた。このように環状という視点をもって岩宿時代の遺跡を検討し直してみると、部分的な発掘調査しかおこなわれずに全体像のわからなかった遺跡でも「環状ブロック群」ととらえることができるようになり、その類例は増加していった。そして八九年には、橋本氏によって全国的な集成作業と遺跡の性格についての見解が示された。

このように下触牛伏遺跡の遺跡内容が公表されたことによって、同様な遺跡が全国各地から発見され、多くの研究者に注目され議論がなされるなかで、大形で環状に遺物が分布する遺跡が、「環状ブロック群」とよばれるようになっていったのである。

さらに、千葉・群馬県内を中心に多くの遺跡事例が追加されたことを受ける形で、一九九三年、笠懸野《かさかけの》岩宿文化資料館（現・岩宿博物館）と北関東研究者で組織された岩宿フォーラム実行委員会によって開催された第一回岩宿フォーラムで、この環状ブロック群をテーマにとり上げて集中した議論がおこなわれた（図７）。そこでは全国的な遺跡の集成がおこなわれるとともに、下触牛伏遺跡の分析をはじめとした遺跡の具体例が検討され、多くの研究者が所見を述べた。このシンポジウムが環状ブロック群の最初の総括となったのである。

本書は、岩宿時代、それもその最古の時期に、なぜ直径五〇メートルという「ムラ」と称してもよいような巨大な環状の遺跡がのこされたのか、その当時の生活はどうのようなものだったのかを、みなさんと考えていこうとするものである。

その前に、次章では、こうした石器の分布から太古の人びとの生活を認識しようとする試みが可能となっていった研究の積み重ねを簡単におさらいしておこう。

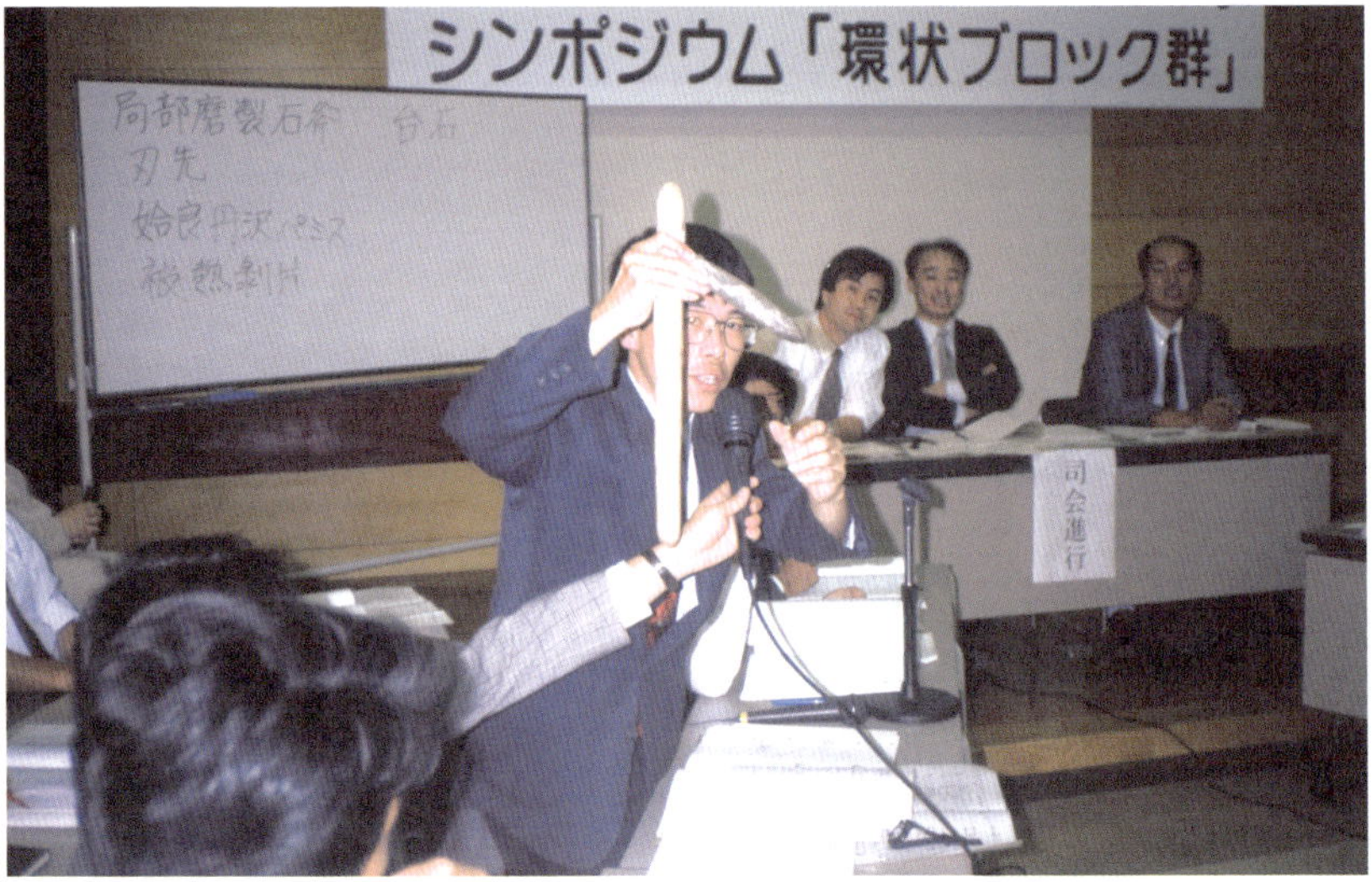

図７ ●第１回岩宿フォーラム／シンポジウムの様子
1993年、はじめて岩宿時代のムラ、「環状ブロック群」がシンポジウムのテーマとしてとり上げられ、多くの研究者が集まって議論された。

第2章　岩宿からつづく道

1　岩宿遺跡の発見

「原始世界の拡張」

一九四九年九月一一日、在野の考古学研究者・相沢忠洋氏と、明治大学考古学研究室の杉原《すぎはら》荘介《そうすけ》氏、芹沢長介《せりざわちょうすけ》氏、岡本勇《おかもといさむ》氏らが、群馬県岩宿のローム層中から石器を発掘した。有名な岩宿遺跡の発掘である（図8）。ここから日本における縄文時代より古い時代の考古学的な研究がはじまった。

岩宿遺跡の発見の意義を、杉原荘介氏は「原始世界の拡張」と説いたが、それは、「日本列島における人間居住の歴史が、一躍、万をもって数える古い時代にさかのぼったという事実だけではなく、縄文時代もふくめて、日本原始時代史の流れを、全人類史的な歴史の発展段階の中でとらえるという視点と、その具体的な研究の素材を与えられた」（戸沢充則《とざわみつのり》「岩宿へのながい道」より）という点に重要な意味があった。

「岩宿時代」という時代区分名

本章では、この岩宿遺跡の発掘以降の「旧石器時代」研究の歩みを、下触牛伏遺跡との関連から概観してみるが、著者はさきにふれたように、この時代を、岩宿遺跡にちなんで「岩宿時代」という用語でよんでいる。

たしかに「旧石器時代」という用語は近年広く使用され、世界史とも相通じていることから馴染みやすい時代名称ではある。しかし、日本列島のこの時期には、世界史的な旧石器時代とはかなり異なる点があるのである。たとえば、旧石器時代にはないとされる磨製石器（図9）が、日本のこの時代最古の時期にすでにあり、また、本書で述べる環状ブロック群という特殊なムラあるいは集団社会の存在もある。

いまのところ、これらの特徴が日本列島内に限

図8●岩宿遺跡の試掘調査風景
1949年9月11日、岩宿遺跡のローム層のなかに縄文時代より古い文化を求めて初めて発掘調査がおこなわれ、その証拠となる石器が掘り当てられた。

られたことであるため、その特異性、独自性を考えるためにも、また世界全体を一律な法則では語れない歴史の実態があるという意味をこめて、「岩宿時代」という用語を使用しているのである。

また考古学界では「先土器《せんどき》時代」という呼称も使用されてきたが、これは土器というこの時代にないものを時代の名称にしている点で、やはりふさわしくはないであろう。

二〇〇〇年秋に発覚した「前期旧石器時代遺跡の捏造」に対する検証の結果、約三万五〇〇〇年以上前の、下・中部（前・中期）旧石器時代の日本列島での人類文化の痕跡は、いったん白紙となった。そうしたなかで岩宿時代は、およそ三万五〇〇〇年前から一万四〇〇〇年前までの、「後期旧石器時代」と「中石器時代」段階を含む、日本の独特な時代区分名として意義深いものと認識している。

図9 ●「旧石器時代」では日本列島に特有な磨製石器
磨製石器として作られたのは石斧で、打ち割って形を作った後に、写真のように刃先を中心に磨いているものが多い（千葉県出口・鐘塚遺跡出土）。

2　石器の形と編年

型式の差と地域性

さて、一九四九年にはじまる岩宿時代の研究は、当初、発見された石器の形やその作り方、そして時期的な変化や地域的な相違が議論されていた。材料の石をどのように割って石器を作ったのかというその作り方は「技術学的な研究」として、石器の形やその用途については「形態学的な研究」として、時期や地域の違いによる石器の特徴は「型式学的な研究」として位置づけられて研究が進展してきた。

たとえばナイフ形石器の型式では、「石刃技法《せきじん》」という手法によって素材を準備する東北地方を中心とした「杉久保型《すぎくぼがた》（系）ナイフ形石器」や、同じく石刃を使って作られ、関東・中部あるいは九州地方を中心として発展した「茂呂型《もろがた》（系）ナイフ形石器」、瀬戸内技法によって作り出した横長の翼状剥片《つばさじょうはくへん》を使って作られ、近畿・中国地方で発達した「国府型《こうがた》（系）ナイフ形石器」

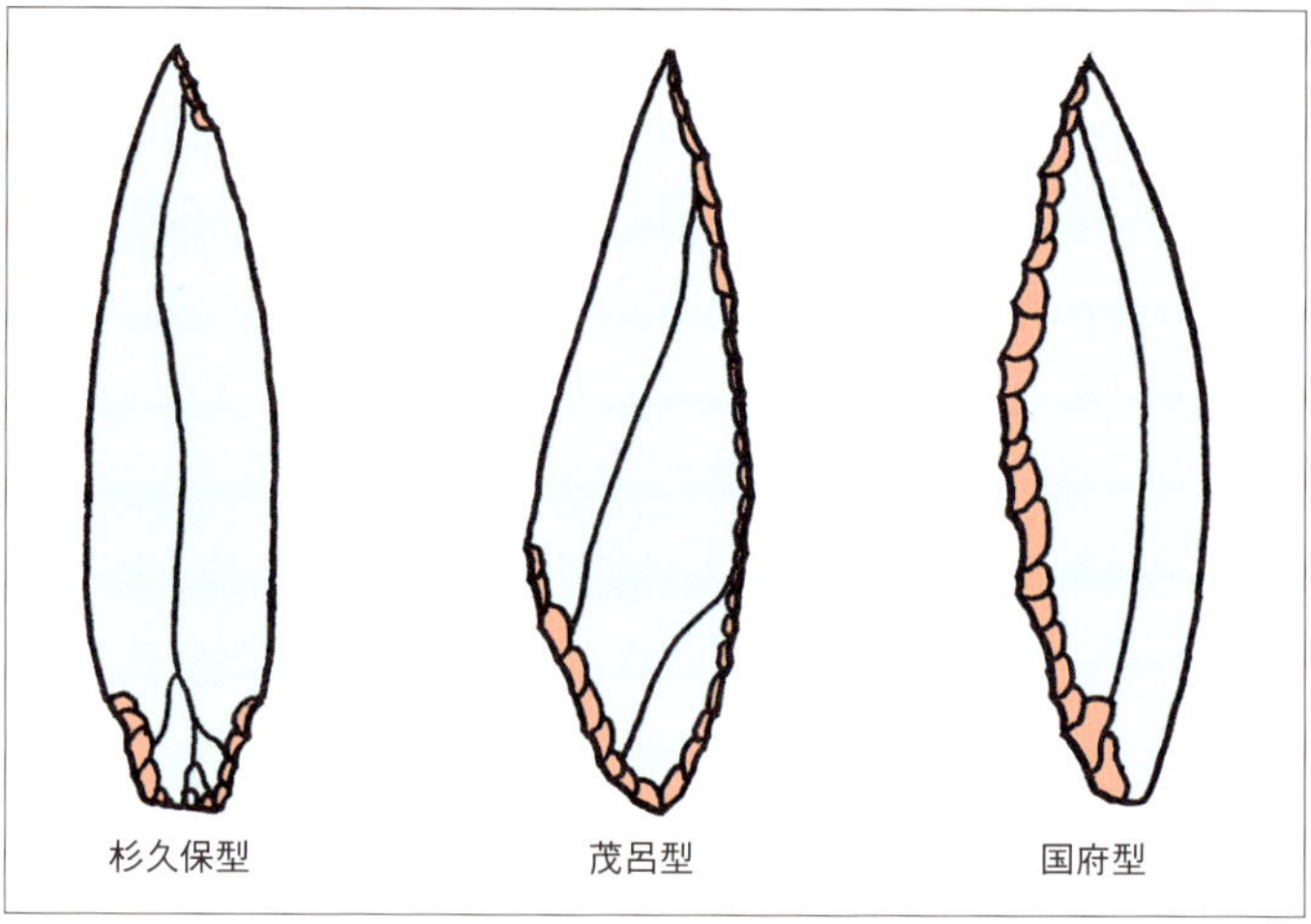

図10 ● ナイフ形石器の型式
オレンジ色の部分は材料となった剥片に加工を施した個所。杉久保系ナイフ形石器では基部を中心に部分的に、茂呂系ナイフ形石器では材料を切りとるように全体の形を変えて、国府系ナイフ形石器では鋭い縁を残して片側全体を、というように加工が施されている。

というように、地域を特徴づける石器として名称がつけられていったのである（図10）。

こうした当初の研究成果は、岩宿時代の大きな枠組みを明らかにしたという意味で重要な基礎作業だったのである。

層位編年の進展

その後、石器そのものの研究は着実に継続されていくが、一九六〇年代後半になると、新たな研究が展開する。その一つが「層位編年学的研究《そういへんねんがく》」といわれるものである。

それは、個々の石器群が発見されるローム層を対比することによって、石器群の時期的な前後関係を明らかにしていこうとするもので、石器の形についての型式学的変遷に頼るだけのそれまでの編年に、大幅な見直しを迫ることになった。

一九六九年に、小林達雄《こばやしたつお》氏、小田静夫《おだしずお》氏らが中心になって実施した東京都野川《のがわ》遺跡（図11）の発掘

図 11 ● 野川遺跡の発掘調査風景
それまでの数十平方メートルの発掘調査からみると広大な面積を、より深く発掘調査していることがわかる。

調査では、一〇枚にもおよぶ文化層が関東ローム層中から連綿と発見されたのである。そして、それに続く野川流域を中心とした武蔵野《むさしの》台地の発掘調査によって、同じ地域に対比可能なローム層が堆積している事実にもとづいて、細分されたローム層の同じ層から発見された石器群同士が、共通した石器群の内容をもったものであることが理解されていった。そして、ローム層全体を見渡すと、そこに何段階かの時期があることがわかっていった。そうした研究の成果は、一九七五年に、それらの調査を担当した小田静夫氏によって「武蔵野編年」としてまとめられたのである。

また、ちょうどそのころ、地質学者による火山灰編年学（テフロクロノロジイ）の研究が進み、一九七六年には、現在の錦江湾《きんこうわん》（鹿児島湾）最奥部を噴火口とする約二万四〇〇〇～五〇〇〇年前の大噴火によって、日本全国に堆積した「姶良《あいら》Tn火山灰」が発見された。この火山灰を鍵層として、その上下関係から全国各地の石器群の年代比較が可能となっていった。このことによって、「武蔵野編年」が全国的な基準として通用していくことになったのである。

3　遺跡の構造を追究する

「遺跡群」の研究

いっぽう、ちょうどその一年前、一九六八年に明治大学によって発掘調査された神奈川県の月見野《つきみの》遺跡群（図12）では、層位的研究もさることながら、石器がある範囲にまとまって「ブロック」をなして発見されたこと、また焼けた石が数十個もまとまって発見される「礫群《れきぐん》」がそれにともなって発見されたことから、遺跡の平面的なひろがりについての研究に目が向けられていった。

こうした視点からの検討は野川遺跡でもおこなわれたものの、さらにこの月見野遺跡群では、遺跡が相模野《さがみの》台地内を流れる目黒川《めぐろがわ》の両側にあって、ほぼ同時期の遺跡が点々と発見される事実が確認された（図13）。その一つひとつの遺跡から当時の生活の一単位としての世帯や、それらが集合したムラの生活などに関する研究が進展していったのである。

さらに、月見野遺跡群のある相模野台地の岩宿時代遺跡の分布調査の成果から、同時期に小河川沿いの台地の縁辺を生活の場所として利用することによって、多くの遺跡が河川にそって残され、それらが一つの単位となっているとする「遺跡群」の研究がスタートした。

そこでは、河川流域を移動しながら生活を営むと

図 12 ● 月見野遺跡群の発掘調査
神奈川県大和市の目黒川流域の広大な面積の造成工事にともなって発掘調査が実施された。そのため、一度に流域のいくつもの遺跡が調査されることとなった。

いう移動生活の様子が想像されるようになっていったのである。

「月見野・野川」以前・以後

この月見野遺跡群における遺跡および遺跡群の構造的研究、それはいいなおせば社会構造への着目、そしてさきにふれた野川遺跡における時代変遷への着目は、学界で「月見野・野川以前」「月見野・野川以後」とよばれるように、岩宿時代研究の大きな画期となったものである。その契機となったのは、「月見野・野川」において発掘調査方法のあり方が大きく変化した点である。

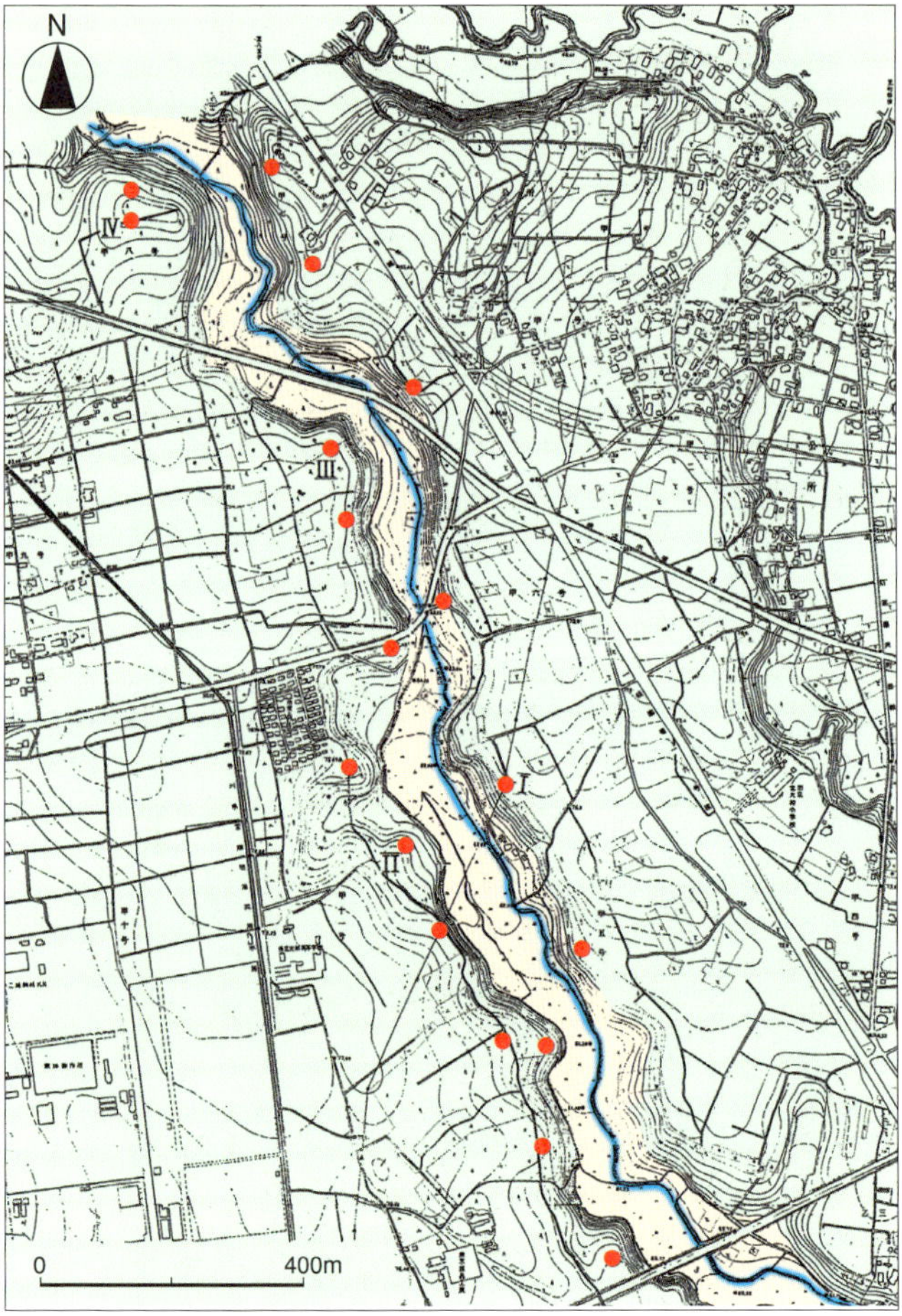

図13 ● 月見野遺跡群の遺跡分布
目黒川の両側にある台地の縁の部分で、小さな張り出し部分に連続して遺跡が立地していることがわかる。

第一の点は、発掘調査をおこなう面積が格段に広くなったことである。それまでの発掘調査は、研究者が研究の目的のためにおこなう学術調査で、せいぜい数十平方メートルを発掘するのが限界であった。それが高度経済成長にともなって、東京などの大都市圏とその周辺で大規模な開発がおこなわれるようになり、遺跡の破壊前に発掘を実施して、遺物を掘り出し、遺跡情報を記録するという緊急調査がさかんにおこなわれるようになった。

発掘調査は、数百あるいは数千平方メートルという単位でおこなわれるのが当たり前となったのである。その後、こうした発掘調査は、たとえば東京都の多摩ニュータウンや千葉県の下総台地でおこなわれてきたように、台地を重機で削り去るような大規模な開発にともなう数万平方メートルにおよぶものもめずらしくなくなっていった。岩宿時代の遺跡が台地全面にわって調査される例も増加していったのである。

第二の点は、開発が地中深くにおよぶようになったことから、発掘調査が地層のより深くおこなわれるようになったことである。岩宿時代の遺跡は、火山灰からできた関東ローム層中から発見されるのが一般的であるが、より深く発掘調査がおよぶことにより、より古い石器群が発見されることとなったのである。

こうした発掘調査の規模の拡大は、多量の遺物としての石器類とその出土層位や出土状況などに関する膨大な情報をもたらした。このことによって、さまざまなそして詳細な研究が花開くようになり、研究が刷新されていったのである。

4　岩宿時代の社会と生活の解明へ

砂川遺跡での画期的な研究法

この月見野・野川遺跡の発掘がおこなわれる直前の一九六六年、埼玉県の砂川《すながわ》遺跡では明治大学によって、一遺跡内の石器群全体を、遺跡の形成・構造との関連で統一的にとらえるという岩宿時代研究の方法の基礎を実践的に示す重要な発掘調査がおこなわれた。その一つは「個体別資料分析法」といわれる方法で、発見された石器や石器作りの際に出た剥片などを、気の遠くなるような作業によって元の石（＝母岩《ぼがん》とよぶ）ごとに選り分け、それらを割られた面で接合することによって、その石器作りの手順を復原した（図14）。

その接合資料を分析すると、石器作りの最終段階の作業がおこなわれて残りが遺棄されたもの、途中の段階のものが砂

図14 ●砂川遺跡出土の接合資料
上下から縦に石刃を打ち剥がすため、それに直行した平坦面（打面）をもつ。左上を除くと、その割りとりの中心となる石核が残っている。一方、左上は、石核のあるべき部分がない。

川遺跡外に持ち出された残りのもの、他の遺跡から持ち込まれた石器、といった類型にまとめることができ、一遺跡内での石器作りの実態がみえてきたのである。

この方法によって、遺跡における石器分布や石器作りの内容、ブロック相互の関係を分析する具体的で実証的な方法論が確立した。実際に砂川遺跡のA地点では、三つのブロックが集団の単位として一まとまりとなり、そうした集団の単位が移動生活を営みながら石器作りをした様子が具体的に想定され、復元されていったのである（図15）。

この砂川遺跡の研究を基礎として、数家族が石器作りをしながら頻繁に移動をくり返して生活を営むという、岩宿時代の住民の遊動生活や、ムラのとらえ方が定着していった。

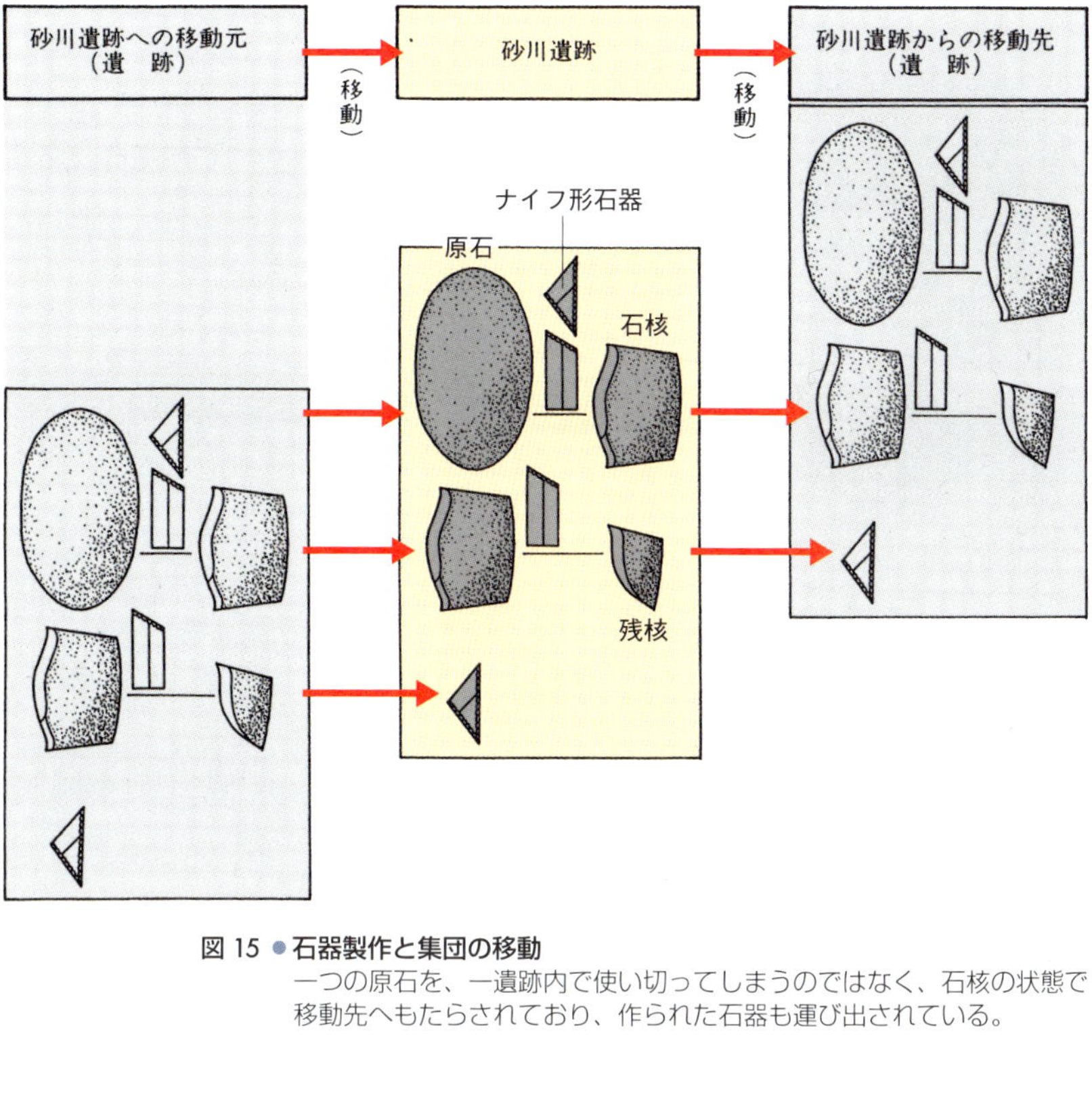

図 15 ● 石器製作と集団の移動
一つの原石を、一遺跡内で使い切ってしまうのではなく、石核の状態で移動先へもたらされており、作られた石器も運び出されている。

遊動する小集団

さらにその後、こうした研究を踏まえて集団関係がさかんに議論され、岩宿時代の社会では、二、三家族が小集団となって実際の生活を共にし、そうした小集団が複数集まった集団群によって一定地域の共同体が形づくられていたと考えられたのである。

春成秀爾《はるなりひでじ》氏は、そうした小集団が移動生活をおこないつつも、時としてその小集団が集合してやや大規模な集団となってムラを形づくって生活し、また小集団として分散していくという「離合集散《りごうしゅうさん》」といった考え方を提示している。

また鈴木忠司《すずきちゅうじ》氏は、静岡県の寺谷《てらだに》遺跡や富山県の野沢《のざわ》遺跡でより詳細な研究をおこない、遺跡内には、石器が視覚的にまとまって発見される部分である「ブロック」、握りこぶし大の焼け礫の集まりである「礫群」、数キロの重さの川原石が残された「配石《はいせき》」などの遺構《いこう》があることを示した。そして、道具としての石器のセット＝石器組成とともに、ブ

図16 ● 野沢遺跡の集落生活の想像図
ブロックの位置関係だけではなく、それぞれの日常生活に使われた石器の道具立て、作業をするための台石などの状況から、世帯を示すような単位があった。

ロックがいくつか集まった、何らかの意味ある集合としての「ユニット」を設定した。

このユニットは当時の「家族」単位を示す「世帯ユニット」としてとらえなおされ、当時の遺跡での世帯（イエ）やそこでの生活の様子が描き上げられるようになったのである（図16）。

見せかけの大遺跡

その後、岩宿時代のムラや移動生活の様子を具体的に示す大遺跡が発掘され、詳細に分析された。

神奈川県の栗原中丸《くりはらなかまる》遺跡の第Ⅴ文化層（後述するⅣ期、約一万八〇〇〇年前）では、相模野台地内の小河川に面した南西に張り出した台地の縁辺に、幅二〇～四〇メートルで約一七〇メートルにわたって弧状にブロック群のひろがりがみられた（図17）。石器は総数三四三一点発見されたが、それらは六五という多数のブロックを形づくっており、それと重なるように、石蒸料理の跡と考えられる焼け石が集中した礫群三七基が発見された。

この遺跡について分析をおこなった鈴木次郎《すずきじろう》氏は、いくつかのブロック同士の間に、同じ石からできた石器が共有されていたことを明らかにし、ブロックを密接に関係し合う七つのブロック群に区分した。各ブロック群は、個別には石器の種類にやや多寡があるものの、同じ比率で道具としての石器が含まれているという。一方、各ブロック群相互には、石器の接合や個体の共有関係がわずかしかみられず、個々のブロック群の独立性が強いと考えられた。

このことから、鈴木氏は「同じ場所が何回にもわたって居住地として利用された結果、みかけ上このように大規模な遺跡が残されたもの」とした。すなわち、数家族の十数人程度の小集団が頻繁に移動をくり返し、その生活跡が同じ場所に重複した結果、大遺跡とみえるような遺跡が形づくられたもので、一時期には、せいぜい一つあるいは二つ程度の小集団がこの遺跡で生活していたにすぎないとしたのである。一般的に岩宿時代全体にわたって、ムラの規模や生活はほぼこうした小集団で考えられるようになっていった。

下触牛伏遺跡の発掘は、以上のような研究史の土台のうえで、その特異性が注目されることになるのである。

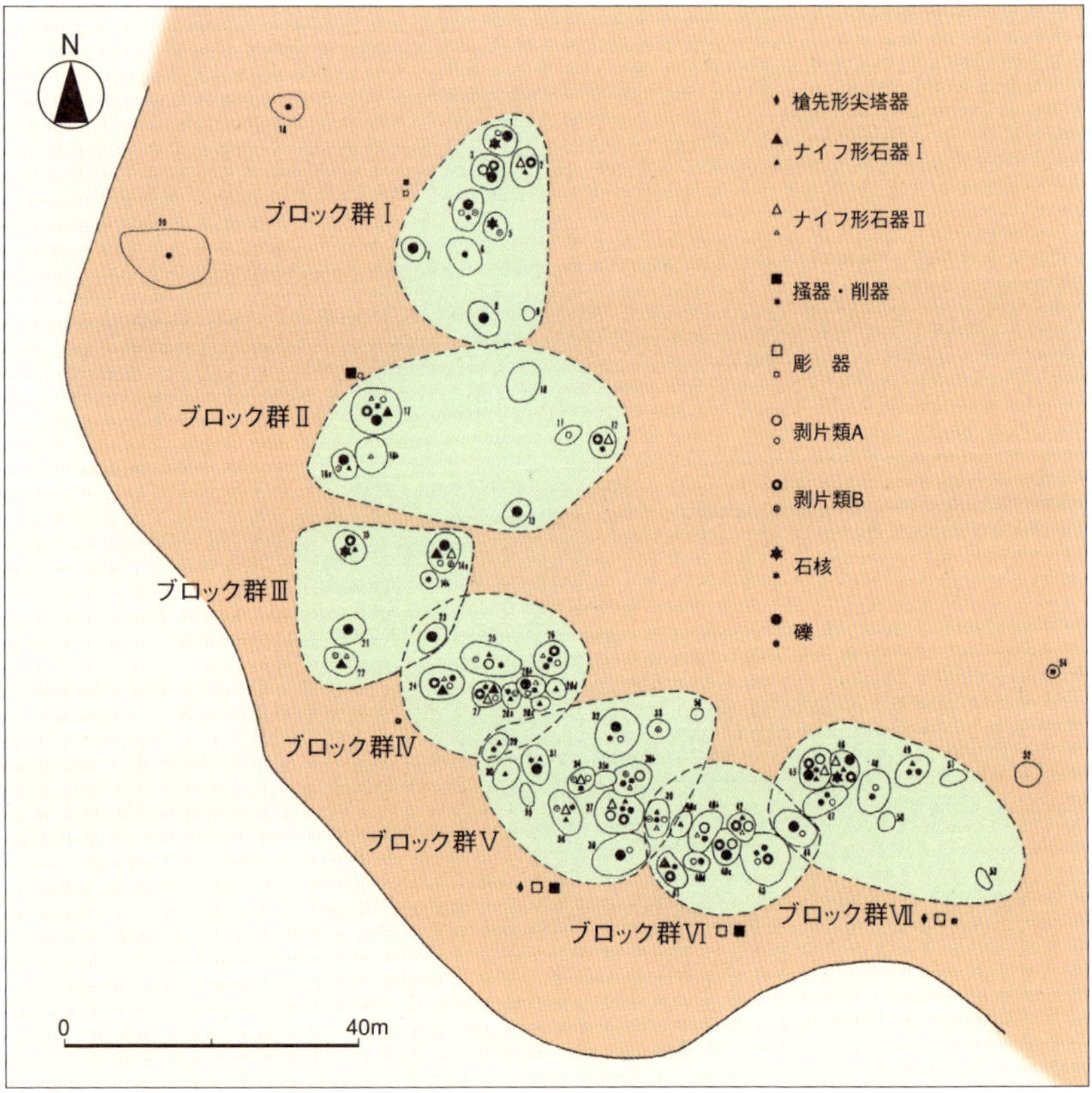

図17 ● 栗原中丸遺跡・第Ⅴ文化層の弧状にひろがるブロック群
実線で囲まれた範囲がブロックで、点線で囲まれた範囲がブロック群。
見かけ上、台地に沿うように弧状にひろがっている。

5　岩宿時代の編年

さて次章から、下触牛伏遺跡の具体的な内容に入るが、その前に、岩宿時代の全国的な「編年」を簡単にまとめておこう（図18）。

Ⅰ期　約三万五〇〇〇年前から二万八〇〇〇年前のもっとも古い時期。特徴として刃の部分を磨いた石斧が全国で発見されている。関東地方・中部地方の北部より北では、末端が尖った石刃を使い、それを先にして逆側の基部になる部分の両側をわずかに調整加工した「杉久保系ナイフ形石器」と、寸詰まりの剥片を使って、先が斜めにあるいは平らになる刃の部分をもち、柄につけるための基部を作り出した「藪塚系《やぶつかけい》ナイフ形石器」が中心となっている。一方、中部より西では、石刃技法による石器作りはほとんどみられず、藪塚系ナイフ形石器が主体となる。なお、下触牛伏遺跡を代表とする環状ブロック群が発見されるのは、このⅠ期に限られている。

Ⅱ期　約二万八〇〇〇年前から二万三〇〇〇年前で、石刃を斜めに断ち切るようにして先端を尖らせるとともに、全体を柳葉形に仕上げた「茂呂系ナイフ形石器」が関東地方以西に発達する。石刃技法が全国的にさかんに使われる時期である。

Ⅲ期　約二万三〇〇〇年前から一万八〇〇〇年前で、日本列島内の地域性が明確になる時期である。九州地方では、三稜尖頭器《さんりょうせんとうき》、剥片尖頭器《はくへんせんとうき》といった大形の尖頭器が発達するとともに、「切出系《きりだしけい》ナイフ形石器」のほか、日ノ岳型《ひのたけがた》台形石器といった独特な石器が発達した。中・四国地方では、サヌカイトとよばれる安山岩を使い、瀬戸内技法によって「国府系ナイフ形石器」

◀図18 ●岩宿時代の編年
地層の堆積状況と同じく、Ⅰ期からⅤ期へ、下から上へと移り変わりを示している。大枠としては、Ⅰ～Ⅲ期がナイフ形石器、Ⅳ期が槍先形尖頭器、Ⅴ期が細石器を中心とする時期である。

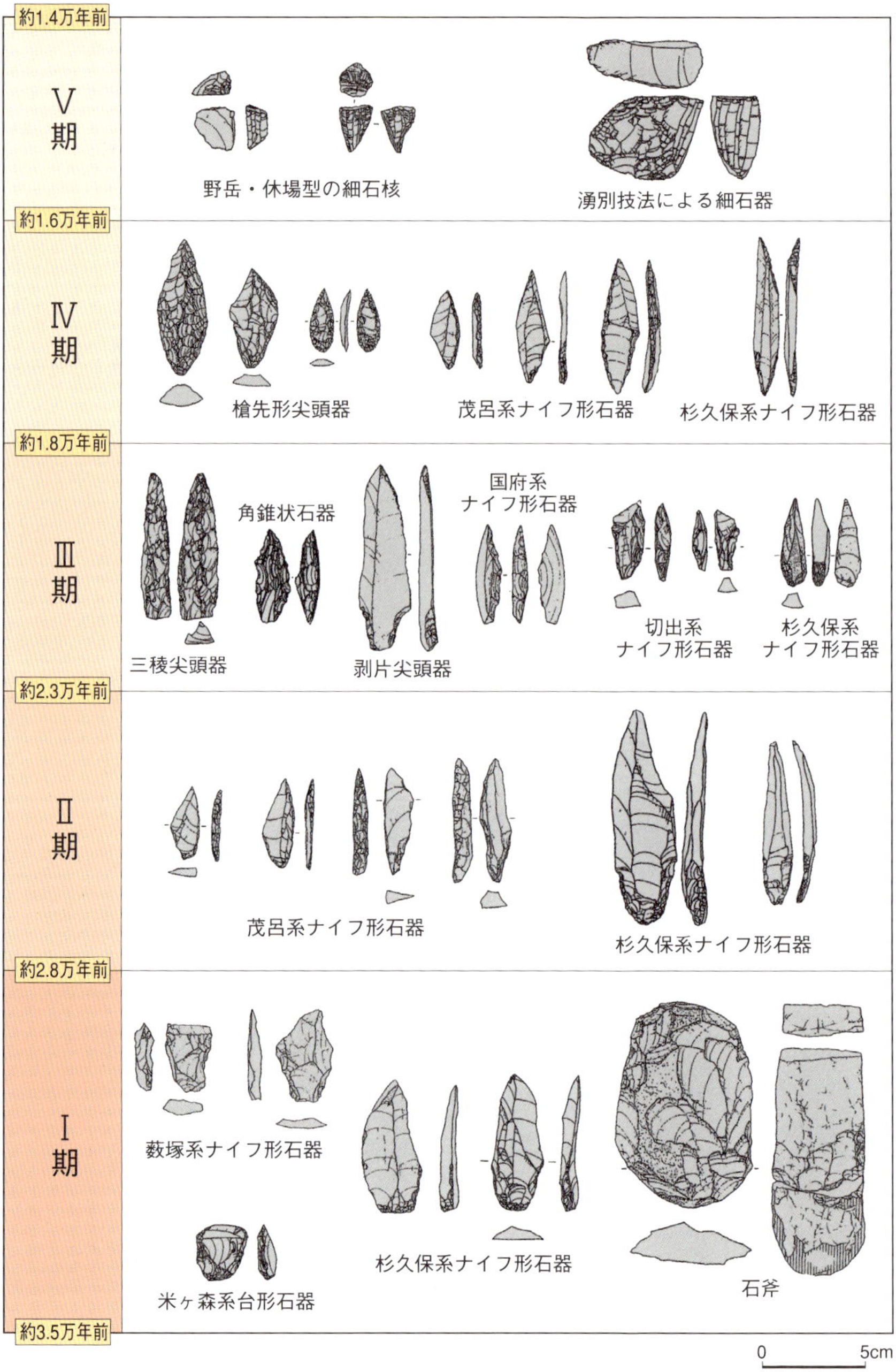
約1.4万年前
Ⅴ期
野岳・休場型の細石核
湧別技法による細石器
約1.6万年前
Ⅳ期
槍先形尖頭器
茂呂系ナイフ形石器
杉久保系ナイフ形石器
約1.8万年前
Ⅲ期
三稜尖頭器
角錐状石器
剥片尖頭器
国府系
ナイフ形石器
切出系
ナイフ形石器
杉久保系
ナイフ形石器
約2.3万年前
Ⅱ期
茂呂系ナイフ形石器
杉久保系ナイフ形石器
約2.8万年前
Ⅰ期
薮塚系ナイフ形石器
米ヶ森系台形石器
杉久保系ナイフ形石器
石斧
約3.5万年前
0
5cm

がさかんに作られていた。中部・関東地方では、尖頭器の一種と考えられる角錐状《かくすいじょう》石器や切出系ナイフ形石器が発達する。東北地方では、一部に瀬戸内技法や国府系ナイフ形石器がみられるが、基本的には石刃技法による杉久保系ナイフ形石器が多く使われていたものと考えられている。

Ⅳ期　約一万八〇〇〇年前から一万六〇〇〇年前で、中部・関東地方を中心に槍先形尖頭器が発達する時期である。中部・関東地方では、槍先形尖頭器のほか、その前半には「茂呂系ナイフ形石器」が発達していた。九州地方や中・四国・近畿地方では、槍先形尖頭器が、多くはないが、前時期の石器が小形化するなど変化して使われていたようである。また、東北地方でも、槍先形尖頭器を中心とした石器群が知られている。さきに述べた下触牛伏遺跡の上層の第Ⅰ文化層の石器群は、この時期にあたる。

Ⅴ期　約一万六〇〇〇年前から一万四〇〇〇年前の細石器《さいせっき》文化の時期である。日本の細石器は、長さ一、二センチほどの薄く細長い細石刃《さいせきじん》が石器の主役で、それを骨や角で作った「植《しょく》刃器《じんき》」とよばれる道具に埋め込んで槍先などにして使った道具と考えられている。

連続して細石刃を剥ぎとるため、事前に原石を割り、加工して、その元となる「細石核《さいせっかく》」を準備するが、その方法の技術的な特徴によって、地域や時期、系統などが区別されている。おもに南西日本では野岳《のだけ》・休場《やすみば》型の細石核とよばれる円柱形や円錐形になるものが多い。東北日本では湧別《ゆうべつ》技法により、尖頭器状の両面調整の原形を作り、それを縦割りすることで細石刃を剥ぐための打面を用意して細石刃を剥ぎとる技術が卓越している。

第3章　下触牛伏ムラの復元

1　下触牛伏遺跡の構造と特徴

岩宿時代最古の石器群

下触牛伏遺跡で発見された石器類は二〇五四点にのぼる（図19）。その中心となっている石器はナイフ形石器で、杉久保系ナイフ形石器が八点、藪塚系ナイフ形石器が一二点であった。また、注目されるのは石斧である。刃先を磨いた刃部磨製のものが多く発見されており、岩宿時代の、それも最古のⅠ期の特徴ともなっている。下触牛伏遺跡では、七点の石斧のうち五点に明らかに磨いた痕跡をとどめている。

そのほかには、刃にあたる部分を厚くなるように加工した、主に皮なめしの道具と考えられている掻器《そうき》が一点ともなっている。また、石器を作る際、あるいは硬い木の実などを割る際に使ったと考えられる敲石《たたきいし》が一七点と多く発見されている。

こうした石器の組み合わせ＝石器組成は、岩宿時代Ⅰ期の道具立てをよく示す内容となっている。しかし、遺跡の広さやその規模からすると、決して種類や点数が多くはないと考えられる。

ブロックのひろがり

石器群は、直径約五〇メートルの円を描くように発見された。そして、その内側にも数カ所、石器がまとまって発見されている部分があった（図20）。

この環状ブロック群の、円周にあたる部分のブロック群を「円環部」、中央のブロック群を「中央部」とよんでおこう。さらにその外部に、下触牛伏遺跡にはないが、関連するブロックがある場合には「外部」とよんでいる。

円環部は、見事な正円形に一列に並んだ二〇カ所のブロックよりなる。そのうちのブロック2から6、7から9、15から17、18と19というように、近接し連結するように残されたブロックがある。このうちブロック2から5、7から9には、接近したブロック同士に、同一母岩の石器や石片が接合する

	杉久保系ナイフ形石器	薮塚系ナイフ形石器	掻器	石斧	石斧調整剥片	石刃	剥片類	石核	敲石	合計
円環部ブロック1～20	0	8	1	4	9	1	1648	42	10	1723
中央部ブロック1	8	0	0	3	13	16	157	3	7	207
中央部ブロック2, 3	0	3	0	0	0	0	82	3	0	88
その他	0	1	0	0	0	0	33	2	0	36
合計	8	12	1	7	22	17	1920	50	17	2054

図19 ● 下触牛伏遺跡出土石器の組成
円環部と中央部ブロック1の杉久保系ナイフ形石器と薮塚系ナイフ形石器の数が対照的である。

関係＝接合関係があり、たんに位置的に近いだけではなく、相互の関係も緊密であったことがわかっている。逆にブロック１の両側と、ブロック６とブロック７の間、ブロック10とブロック11の間はやや間隔があいており、微妙ではあるが、それぞれのブロックの配置に何らかの意味合いもありそうだ。

中央部には三カ所のブロックが発見された。そのうち、北寄りにある中央ブロック１は、南北、東西ともに約一四メート

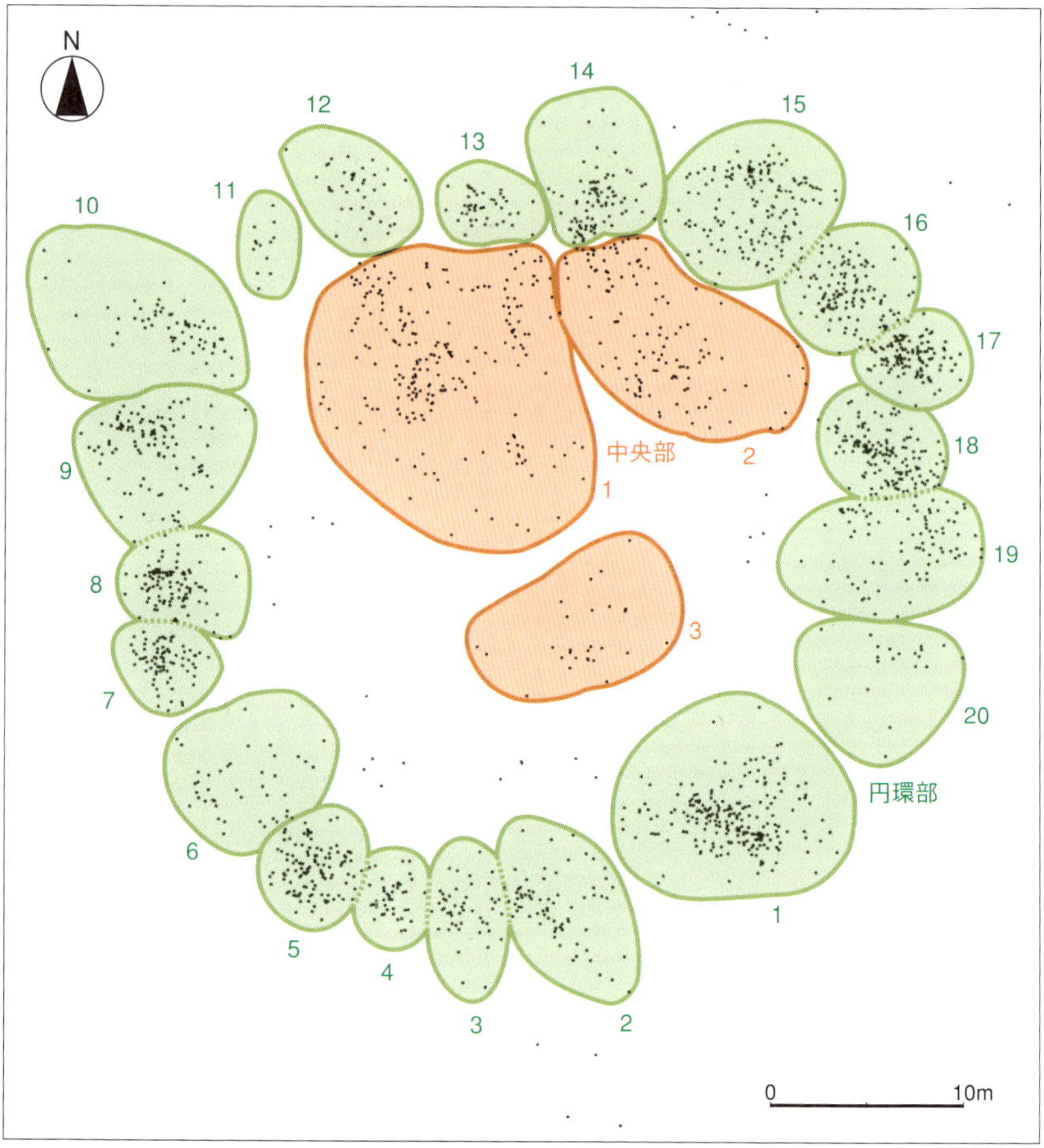

図 20 ● 下触牛伏遺跡・第Ⅱ文化層の環状ブロック群
円環部の 20 カ所のブロックが一列に直径約 50 メートルの円を描いて配置され、内側に 3 つの中央ブロックがある。

ルと、この遺跡では最大のブロックであり、後述するようにその内容も他のブロックとは異なっている。

ブロックによる石器の特徴

円環部と中央部では、石器の内容が異なっている。円環部には、ナイフ形石器では薮塚系ナイフ形石器（図21）が発見されている。また、北から東にかけてのブロックでは、各一点であるが、石斧が含まれるものがあり、円環部を構成する二〇カ所のブロックのうち、八カ所のブロックから敲石が発見されている。

中央部では、三つのブロックともにそれぞれ特徴が指摘できる。中央ブロック1からは、遺跡内の他のブロックには含まれていない杉久保系ナイフ形石器（図22）があり、その素材ともなる石刃も発見されている。さらに、石斧が三点、敲石も七点と他のブロックより多く発見された。中央部ブロック2からは、薮塚系ナイフ形石器が発見されているが、先の尖る特徴的な形のものが三点発見された。中央部ブロック3は、黒色安山岩のみで構成され、それを打ち割る作業のみがおこなわれたようだ。

こうしたブロックでの石器の残され方のちがいは、当時の人びとの生活の一端を示していると考えられる。とくに、杉久保系ナイフ形石器と薮塚系ナイフ形石器は、岩宿時代I期を代表する石器であるとともに、下触牛伏遺跡のムラの実態を解く鍵となる石器でもある。

ナイフ形石器は、「ナイフ」という言葉を使っているため、一般には切る道具と考えられが

図 21 ●円環部から出土した石器
上段に薮塚系ナイフ形石器、下段左から 2 点は薮塚系ナイフ形石器の接合例、次いで掻器、右端は使用痕のある剥片。（右上：長さ 3.8cm）

図 22 ●中央部ブロック 1 から出土した石器
左側 5 点は杉久保系ナイフ形石器、残りの右側の石器は石刃。これらは下触牛伏遺跡以外の遺跡で作られて持ち込まれたものである。（左上：長さ 6.5cm）

ちである。たしかに、それらには割りとった剥片の鋭い縁がそのまま残されている。しかし、ナイフ形石器には必ず尖った先端があり、全体に柳葉形で、根元になる「基部」にはていねいな加工がなされていることから、これらのナイフ形石器は、岩宿時代の生活のなかでもっとも重要な生業である狩りに使われた槍の先端と考えられる。

それでは、先端のあまり尖っていない藪塚系ナイフ形石器はどうか。石器の素材となっているのは寸詰まりの剥片で尖った部分はないが、その先端側には、やはり剥片のもつ鋭い縁がくるようになっている。そして基部は両側から入念に加工されるものが多く、その部分の幅や厚み、その形は、杉久保系ナイフ形石器のそれに近いものである。こうしたことから、藪塚系ナイフ形石器も、多くの場合、杉久保系ナイフ形石器同様に柄につけられて狩りに使われた道具と考えられるのである。

それでも、全体の大きさ、とくに長さが異なる両者は、まったく同等な道具であったかというと、そうでもないだろう。大きさの違いは、狩りの対象となった動物の大きさや狩りの方法などと関連があった可能性もある。また、これから述べるように、石器の石材の違い、石材の入手場所や入手方法のちがい、製作技術のちがいは、当然のことながら、当時の生活のなかで異なる扱いを受けていたことを物語っていよう。

石器石材の石質

石器を作った材料、石器石材の石質をみると、全体の約九四パーセントは黒色安山岩であった。この石材は黒色でガラス質の安山岩で、群馬県北部の武尊山《ほたかさん》周辺がおもな産地で、群馬・長野県境の八風山《はっぷうさん》や荒船山《あらふねやま》などでも産出することが知られている。武尊山周辺のものは、利根川《とねがわ》を流れくだって下流地域でも採取できる。

下触牛伏遺跡から発見された石器には、元の原礫が直径約二〇センチと大形のものであったと想定されるものもあるが、こぶし大程度の小形の石材を使っているものが比較的多い。当時の利根川は、前橋の市街地の北から東側を流れる、現在の桃ノ木川《もののきがわ》の川筋を流れていたと考えられており、遺跡から最短で約四キロのところにその河原があって、石器の材料を入手できたことになる。

この黒色安山岩の遺跡内での石器作りは、材料を割りとるための石の塊＝「石核《せっかく》」から石器の材料となる薄いかけら＝「剥片《はくへん》」を割って作るが、その石割りの特徴は、割りやすい方向へ石核を回転するかのように割りとるものので、不特定の方向から石割りをおこなったものが多い。

剥ぎとられた剥片（図23）は、貝殻状あるいは打ち

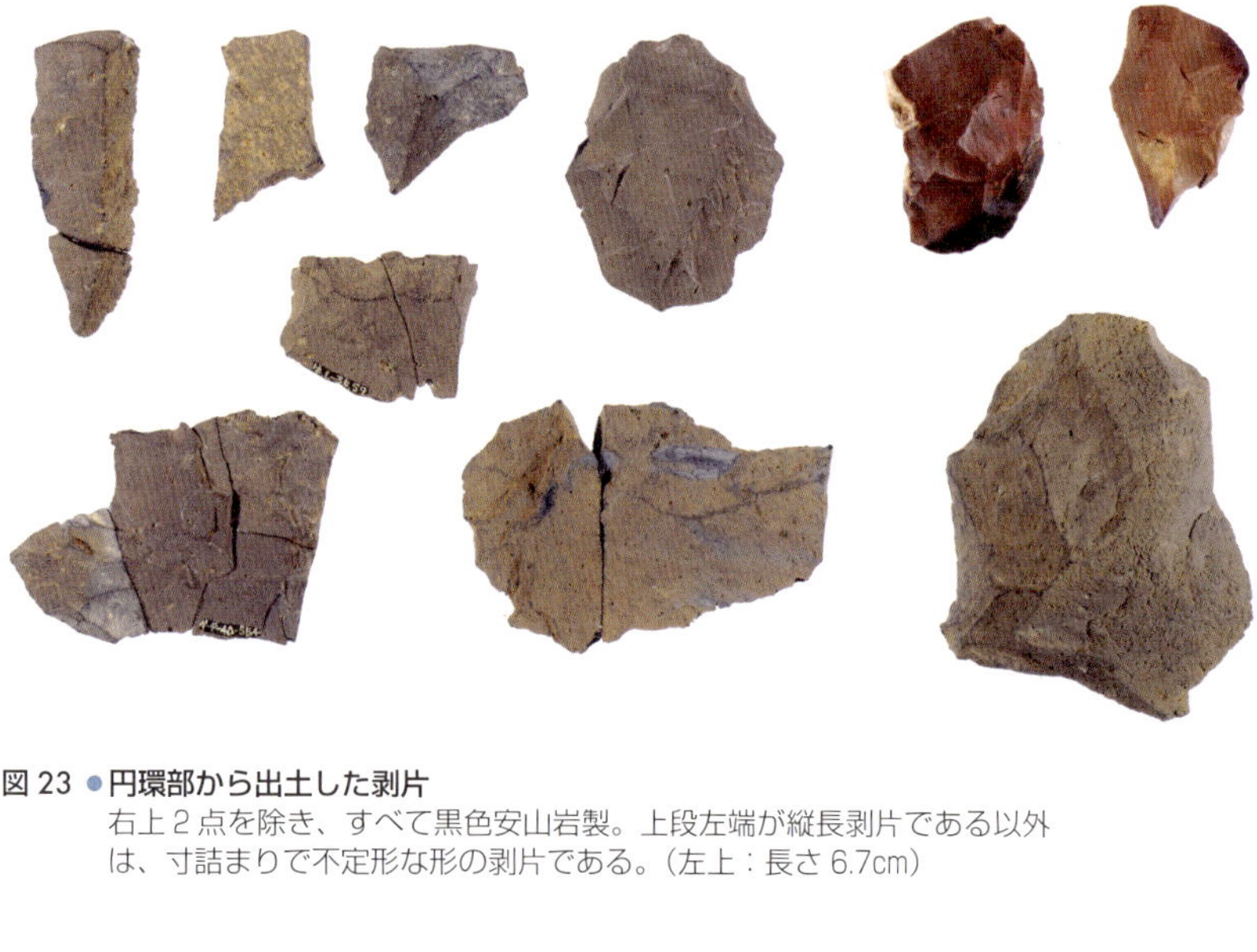

図 23 ● 円環部から出土した剥片
右上２点を除き、すべて黒色安山岩製。上段左端が縦長剥片である以外は、寸詰まりで不定形な形の剥片である。（左上：長さ 6.7cm）

割った点を上にすると長さより幅のほうが大きくなるような寸詰まりの形のものとなる。

遺跡の近傍で入手した黒色安山岩は、遺跡内ではどのブロックでもさかんに石器作りに使用されていた、この遺跡でもっとも一般的な石材であった。そしてその一部は、薮塚系ナイフ形石器へと加工されていったのである。

一方、中央部ブロック1にのみ残されていた杉久保系ナイフ形石器や石刃の石材は、同じく黒色安山岩が比較的多く使われているが、次いで同じく群馬県産の黒色頁岩《けつがん》が多く使われている。その産出地は、利根川上流部の支流である赤谷川《あかやがわ》流域であり、黒色安山岩と同じく利根川流域で採取可能である。

ところで、杉久保系ナイフ形石器やその素材となる石刃を剥がしとる石核は、最初に原礫の不必要な部分を除去するとともに、連続して石刃が剥ぎやすいように形状を整えるように加工されることが多い。そのため、先に黒色安山岩での石器作りで述べたような握りこぶし大の小形の原石では小さくて製作は難しいと考えられる。利根川でもやや上流の沼田盆地や赤城山西麓付近の河原で採取されたやや大型石材が使われた可能性が高いのである。

そしてそれらの杉久保系ナイフ形石器や石刃は、それぞれが別の母石から作られており、下触牛伏遺跡内では製作の際にでる石屑などが発見されなかった。すなわち、下触牛伏遺跡内で作ったものではなく、他の遺跡で作られて、製品として遺跡内に持ち込まれたものなのである。

このように石器とその石器作りに使われた石材を通して考えると、円環部と中央部、とくにブロック1とでは、石器作りの背景に明らかな違いがみてとれるのである。

2　下触牛伏ムラの人たちの関係

石器を分け合う人間関係

さきに砂川遺跡でも述べたように、石器の接合資料を遺跡内の出土位置に戻して考えることによって、当時の人びとの行動を復元する手立てを得ることができる。たとえば一カ所から接合資料がまとまって発見された場合には、その場所で一連の石器作りがおこなわれていたと考えられるであろう。

また接合資料が異なったブロックから発見される場合は、それぞれのブロックを残した人びとが同時に生活をしていたことを物語るとともに、それぞれのブロックの背後にいた人間同士が石器を分け合うような関係があったことも理解できる。

下触牛伏遺跡では、円形に配置されたブロック相互にいくつもの石器の接合関係があることが判明している（図24・25）。三十数メートルも離れた石器同士が接合すること自体、驚くべきことであったが、これらの接合資料によって得られた情報から、つぎの二点の重要な所見を得ることとなった。

まず第一に、環状ブロック群では、神奈川県栗原中丸遺跡のように、いくつかの集団が別々の時期にこの場所へ来て生活した結果、残された石器が偶然円形になったのではなく、一塊の石材を使い切る程度の短い期間に、同時にそれも円形になるように多くの人びとが住んでいたことが明らかになったことである。

第二に、その円環部のブロックはいくつかの集団がここで生活していたときに形づくられたものと考えられるが、それらのブロック同士、それも離れたブロック同士での接合資料は、一つの母石からできた複数の石器を別のブロックを拠点とした人びと同士で分け合うような、親密な関係があったことを示している。見かけ上の形からはわからない環状ブロック群を形づくった集団の人間関係を具体的に物語っているのである。

世帯ブロック

これまで述べてきたことをもとに、下触牛伏遺跡での石器製作や生活の様子をみてみよう。

円環部には二〇カ所ほどのブロッ

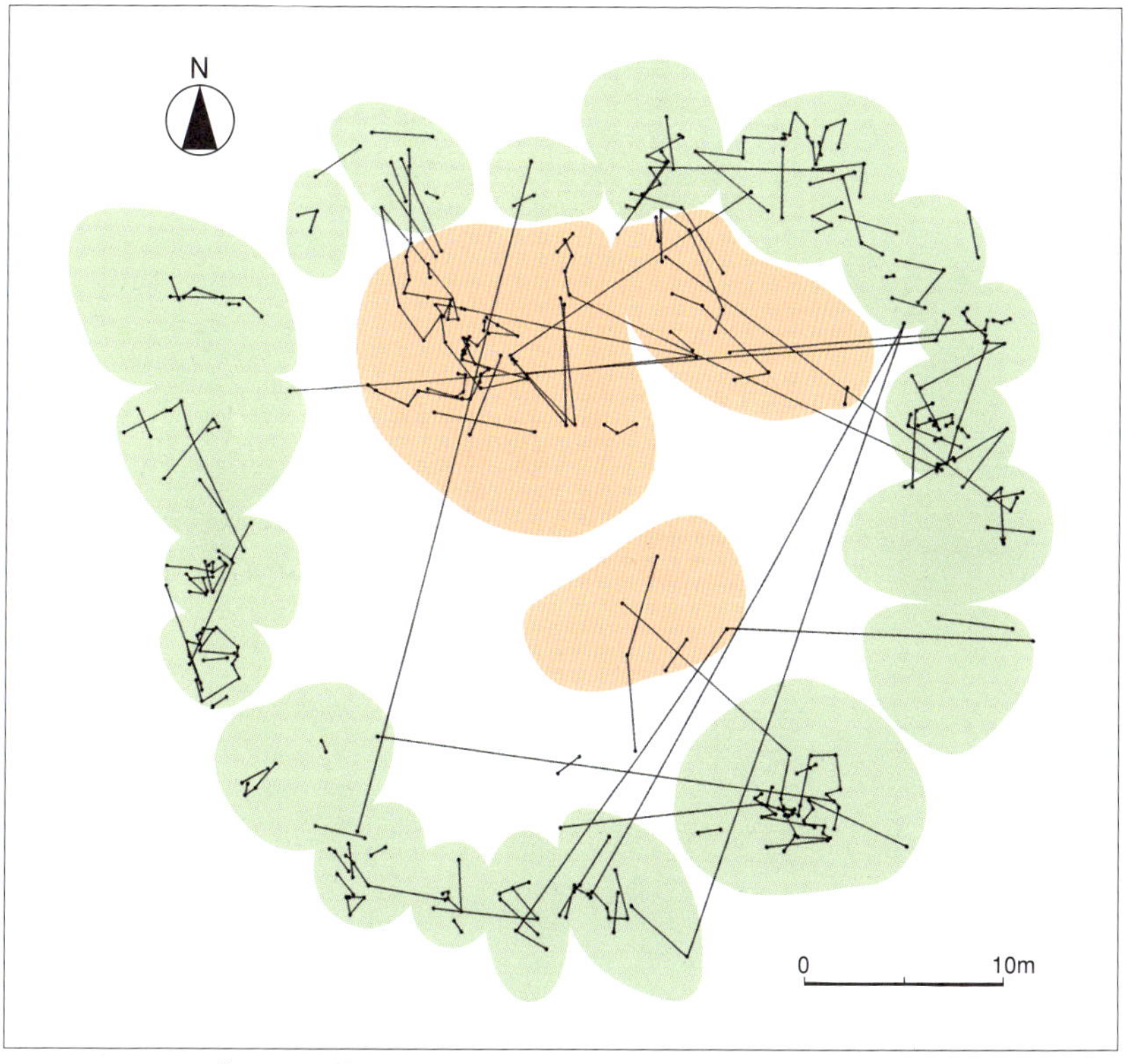

図 24 ● ブロック間接合図
隣り合ったブロック同士の接合関係が多いが、対向する位置にあるブロック相互に長距離の接合関係も多く、同時期に遺跡が形づくられたことがわかる。

クがあり、近傍で採取可能な黒色安山岩をさかんに割って石器を作っていた。そしてその一部は藪塚系ナイフ形石器（図21参照）として、あるいはそのまま刃物などの道具として使われていたのであろう。

また、その半数ほどのブロックには石器製作や、木の実などを割ったときに使ったと考えられる敲石が残されていた（図26）。敲石は、遺跡周辺の小河川で拾えるような丸い礫が使用されており、他の石器より重いことなどから、その多くが使用した場所に残されやすいことが想像できる。

もちろんすべてのブロックに残されてはいないが、敲石の存在とその位置が、家族といったような少人数の人びとの生活の単位を反映している可能性があるのではないだろうか。

そのように考えると、円環部のそれぞれのブロックは、用語の概念はともかくとして、それぞれが一家族という生活の単位を示す「世帯ブロック」ともいうべきイメージでとらえることが可能であろう。

図25 ● ブロック間の接合資料
すべて黒色安山岩製。右上の接合例は剥片同士が４点接合しているが、風化の度合いが異なり色がちがう。遺跡内でも離れたところで埋もれていたためであろう。（左上：長さ6.0cm）

異質な中央部のブロック

一方、中央部では、北寄りに残されたブロック1では、杉久保系ナイフ形石器が発見され、またその素材となりうるような石刃も、一点を除くとやはりブロック1のみから発見されていた（図22参照）。これらの素材は、黒色安山岩のものもあるが、遺跡内ではこの場所以外には発見されていない石材である黒色頁岩などであり、遺跡内で作られたものではなかった。

さらに、遺跡内でも製作された薮塚系ナイフ形石器は、中央部ブロック1では一点も発見されておらず、このブロックに残されたナイフ形石器は、他遺跡から完成品がもたらされたものと推測できるといった特徴が指摘できる。

また、ブロック1では石斧が三点、敲石が七点と、他のブロックよりも多く発見されており（図27）、石斧の製作や手直しの際に生じる剥片も一三点と多く発見されている。さらに割れた状態で焼けた礫が

図26 ● 円環部から出土した敲石
すべての円環部のブロックから発見されたわけではない。発見されなかった世帯ブロックでは、移動のときに他の遺跡へ持ち去った可能性があるだろう。（左上：長さ6.3cm）

発見されており、火をさかんに燃やした場所がそこにあったと考えられている。

いずれにしても、円環部のブロックより範囲が大きなブロック1は、他の世帯ブロックにはない遠方からもたらされた特殊な石器が多く、円環部の世帯ブロックとは異なった性格であることが想定できるだろう。

また、ブロック1の東隣りのブロック2では、薮塚系ナイフ形石器でも、円環部からは発見されていない先端の尖る特徴的な形のナイフ形石器が発見されている（図28）。ブロック3は、黒色安山岩を割る作業だけがおこなれたブロックである。

環状のイエと中央に共同の広場

このように考えると、下触牛伏遺跡のムラの構成は、つぎのようにまとめることができるのではなかろうか。

遺跡の特徴である直径五〇メートルの円環部は、

図27 ● 中央ブロック1から出土した石斧・敲石
円環部のブロックでは、石斧は数ブロックから1点ずつ発見されているが、
中央ブロック1では3点まとまって発見されている。（左上：長さ9.8cm）

一つの生活単位を示す世帯ブロックが円形に配列して残されていた。家の痕跡は発見されていないが、世帯ブロックとして一世帯を示すような居住の単位としてのイエが、二〇カ所、円環部を構成するように配列されていたと考えられる。

一方、中央部には、世帯ブロックにはない杉久保系ナイフ形石器がそこのみに残されていて、その素材となる石刃も中央部に集中していること、石斧も多いことなどから、個々の世帯では所持せず、ムラ全体で共同使用するような石器が残されていたものと考えられまいか。さらに、中央部ブロック1では、焼けた礫が破砕されて発見されており、その場所で火がたかれていたと想定できる。

以上のことから、環状ブロック群の中央北寄りのブロック1では、ムラの人びとが共同で使用する広場としての機能をもっていたと考えられるのである。

こうして考えると、下触牛伏遺跡では、円環部には簡単なテントのようなものであったかもしれないが、そのようなイエが約二〇軒、直径五〇メートルの円形に建ち並んでいたことになる。一軒五人程度の人数の集まりであるとして、ムラ全体として約一〇〇人もの人びとが一時期に住んでいたのであり、ムラ全体で集い使う中央の広場を囲んで共同生活を営んでいたと考えられるのである（図29）。

図 28 ● 中央ブロック 2 から出土したナイフ形石器
すべて黒色安山岩製。数塚系ナイフ形石器の一種であるが、すべて先端が尖る形をしている。（右：長さ 4.7cm）

下触牛伏遺跡については、研究者によってブロックのとらえ方、考え方に多少の違いはあるにしても、少なくとも五〇人以上の人びとが生活していたと考えられており、円環部にイエが建ち並んで、その内側を共同の広場としていた巨大なムラの姿が想像されているのである。

こうしたムラの姿は、後世の縄文集落と、形状・規模にもイメージが重なり、「岩宿時代観」に新しい視点を与えるものであった。

図29 ● 下触牛伏ムラの復元想像図
広場を囲んで20軒のイエが円形に並んでいる。その内側の広場にはムラの住人が集まっておこなった焚き火のあとがみえる。

第4章　三万年前の環状のムラ

1　環状のムラのさまざまな姿

全国各地で発見された環状ブロック群

下触牛伏遺跡のムラの実態が明らかになって以降、同様の環状ブロック群が、群馬県内の分《ぶん》郷八崎《ごうはっさき》遺跡、千葉県の中山新田《なかやましんでん》I遺跡、池花南《いけはなみなみ》遺跡などで発見されるとともに、旧来発掘調査されていた群馬県の和田《わだ》遺跡、東京都の高井戸《たかいど》東《ひがし》遺跡、下里本邑《しもさとほんむら》遺跡などが環状ブロック群を形成する遺跡として再評価されていった。

岩宿時代の初期にこうした大形のムラの跡が普遍性をもって存在することが指摘され、多くの研究者にその認識が定着していったのである。現在のところ、環状ブロック群は、その類するものすべてを含めると一〇〇カ所以上にもおよび、北海道から九州まで、沖縄などの島嶼部《とうしょぶ》を除く全国から発見されている（図30）。

このようにして発掘された全国の環状ブロック群も、多くが下触牛伏遺跡と同じ形や構成を示している。それはブロックが中央の空間部をとり囲むように円形に配置され（円環部）、その中央の空間にブロック（中央部）が発見されることが特徴である。

また、下触牛伏遺跡では発見されなかったが、円環部の外部に円環部や中央部と接合関係があるブロック群（「外部」）がある場合もあることが最近わかってきている。

このように環状ブロック群は、「円環部」「中央部」「外部」からなるが、基本的には円環部と中央部から構成されると考えてよいであろう。さらにいえば、中央部を

図30 ● 環状ブロック群の分布
九州から北海道まで全国各地に分布している。とくに関東地方から多く発見されている。発掘調査数が多いこともあるが、その広大で平坦な地形も関係あるかもしれない。

もたず円環部のみのものもあり、円環部の存在が環状ブロック群足らしめているもっとも根本的な特徴である。

時期的には、岩宿時代の全時期にわたって、空間部を囲むように数ブロックがある程度円形に配置されている遺跡がみられる。しかし、「中央部」をもつ大形のブロック群は、岩宿時代初期のI期にのみ発見されているといえる。というよりも、岩宿時代I期の大形の遺跡は、ほとんどは環状ブロック群を形づくっているとさえ考えられるのである。

大形・中形・小形の環状のムラ

環状ブロック群は、全体が発掘されたものでは、最大のもので長径八〇メートル、短径五〇メートルの栃木県の上林《かみばやし》遺跡の例から、直径一〇メートルにも満たない静岡県の中見代《なかみよ》第I遺跡の例まであり、大きさからいくつかの部類に区分できる。

直径が四〇メートルを超える大形の部類のものは、下触牛伏遺跡や上林遺跡のほか、群馬県の三和工業団地I遺跡、千葉県の南三里塚宮原第1遺跡、同じく墨古沢南《すみふるさわみなみ》I遺跡などがある。いまのところ関東地方のみで発見され、一〇例程度とけっして多くはない。

直径約三〇～二〇メートルほどの円環部をもち、その中央に中央部のブロック群をもつ中形タイプは、環状ブロック群の一般的な大きさあるいは形状であろう。秋田県の家の下遺跡、群馬県の分郷八崎遺跡、白倉下原《しらくらしもはら》遺跡、千葉県の中山新田I遺跡、池花南遺跡、御山《おやま》遺跡、長野県の貫ノ木《かんのき》遺跡第3地点、日向林《ひなたばやし》B遺跡（図31）、熊本県の曲野《まがの》遺跡というように全国にその例をみることができる。

二〇メートル以下の小形の部類でも、円環部をもち中央にブロックが配される例が、中見代第Ｉ遺跡以外にも、東京都の下里本邑遺跡などにある。そのほかには、中央のブロック群が発見されず、円環部が正円形ではない例が、直径二〇メートルを超えるものから直径一〇メートル前後のものがある。この小形の部類は、さきに述べたように岩宿時代の他の時期でも発見されることがある。

以下、三つの部類に区分して環状ブロック群をみていく。直径四〇〜二〇メートル程度の規模のものを中形、それより大きな直径四〇メートル以上の規模のものを大形、直径一七、一八メートル以下の小さな規模のものを小形と区別して、その実態をみていこう。

図 31 ● 日向林 B 遺跡
白線で囲んだ部分がブロックの範囲を示している。写真上方に円環部・中央部が、左斜め下方と右下に外部がみえる。（上方向が北西）

典型的な中形の環状ブロック群

中形の環状ブロック群は全国各地で発見されており、全体の三分の二以上を占めている。円環部は、十数カ所のブロックがほぼ正円形をなして構成され、中央部に一〜数カ所のブロックが発見されるものが多い。環状ブロック群としての形状が典型的で、一般的な様子を示すものといえるであろう。

長野県日向林B遺跡　この遺跡は長野県北部の野尻湖《のじりこ》遺跡群のなかにある。野尻湖遺跡群は近年の高速道路建設に関連した調査によって多数の遺跡が発見された遺跡群として有名である。とくに岩宿時代Ｉ期の遺跡の集中度が高く、多数の石斧が発見されており、全国的にも特異な地域として認識されている。

この地域では環状ブロック群も集中しているが、全体を完全に調査した遺跡であることもあって、日向林Ｂ遺跡がその代表例である（図31）。この遺跡からは、九〇〇一点という大量の石器が発見され、とくに岩宿時代Ｉ期の代表的な石器である石斧が六〇点と多数発見されたことで全国的に有名である。

環状ブロック群（図32）は、直径約三〇メートルのほぼ円形の円環部をもち、円環部のブロックは、その接合関係や石器の内容から七つのブロック群にまとまるようで、それぞれのグループに石斧や薮塚系ナイフ形石器、円形で小形の剥片の一部に簡単な加工がなされただけの米ヶ森系台形石器、敲石などがほぼ均衡を保つように発見されている（図33・34）。

中央部のブロック群は四つに区分されているが、多数の石器が発見され、それぞれのブロックが重複するように残されている。そこでは、多量の石材がもち込まれて石器作りをした様子がうかがえる（図35）。さらには、石斧の刃先を磨くための砥石《といし》がこのブロック群のみから発見されている（図36）。

さらに、それらの外側で、円環部から数メートルはなれた場所（外部1）と円環部の南側に接する場所（外部2）に、外部のブロック群が二カ所発見されている。外部ブロック群1では黒耀石を中心に石器作りがなされ、外部ブロック群2では玉髄《ぎょくずい》や安山岩によって石器作りがおこなわれている（図37・38）。

これらの状況から、円環部にはムラのなかで均衡するようなイエの単位があり、そのイエごとに均質な石器作りの様子を示していると考えられる。それにくらべ

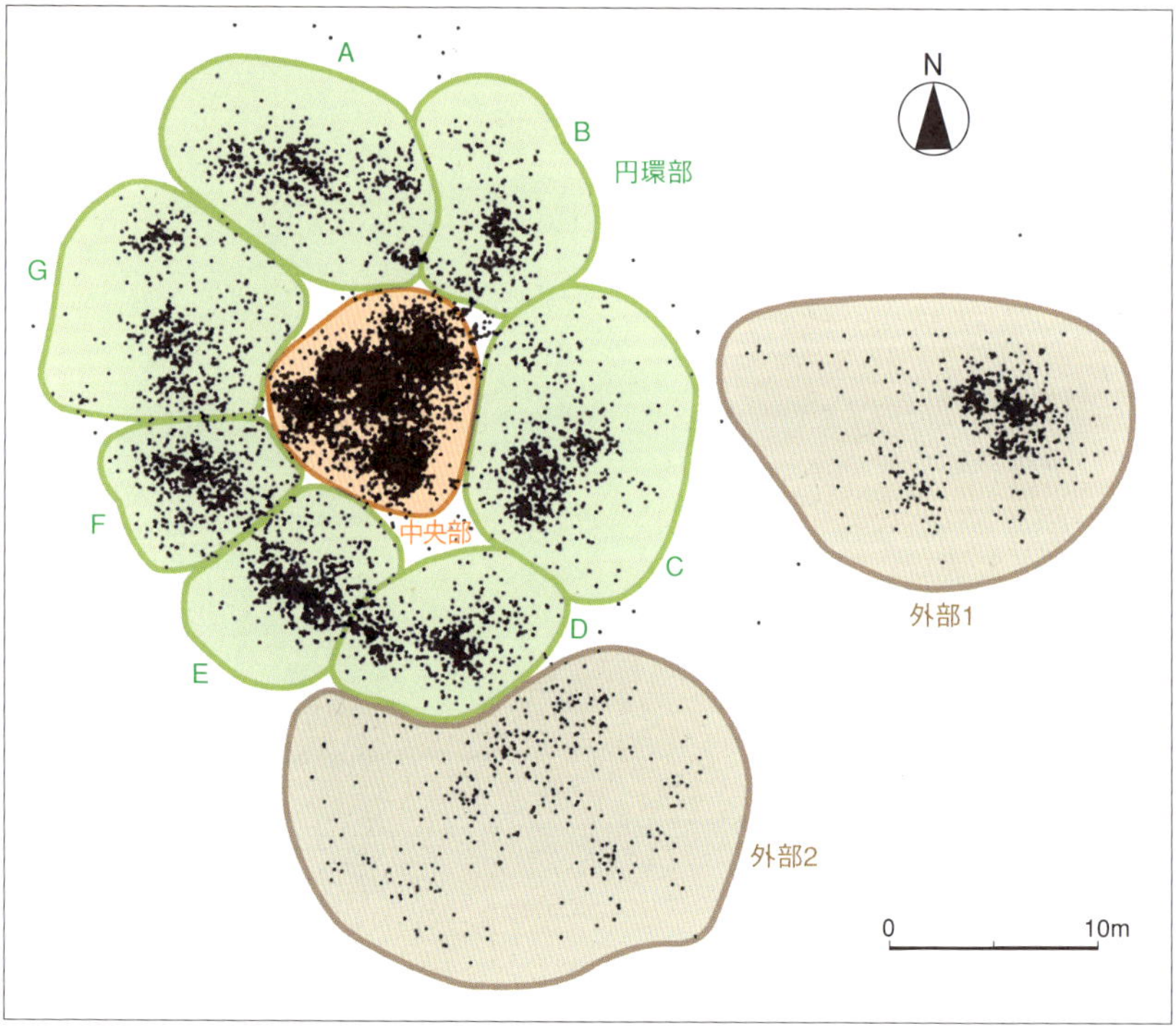

図32 ● 日向林B遺跡の環状ブロック群
環状ブロック群を構成する円環部、中央部、外部のブロック群がある。発見された石器類も多く、その情報量も多い、代表的な環状ブロック群である。

図 33 ● 日向林 B 遺跡・円環部 G 出土の石器
左上・中段の 5 点は黒耀石製の薮塚系ナイフ形石器、左下は
黒耀石製の石核で、右側 2 点は石斧。（右：長さ 15.8cm）

図 34 ● 日向林 B 遺跡・円環部 D 出土の石器
上段左から 3 点が薮塚系ナイフ形石器、4 点目は米ヶ森系台形石器、
下段左は石核、他の 3 点は石斧。（右：長さ 19.3cm）

図 35 ● 日向林 B 遺跡・中央部ブロック群出土の石器
最上段および 2 段目左側 2 点が薮塚系ナイフ形石器、他の 2 段目の石器は米ヶ森系台形石器。下段左 3 点が石核、中央 2 点が石斧、右端が敲石。（左上：長さ 4.9cm）

図 36 ● 日向林 B 遺跡・中央部ブロック群出土の砥石
この遺跡では 1 点のみが出土。細かい砂粒がそろった砂岩が使われている。（長さ 16.5cm）

図 37 ● 日向林 B 遺跡・外部ブロック群 1 出土の石器
すべて黒耀石製で、上段左 2 点が藪塚系ナイフ形石器、下段 3 点が石核、ほかは米ヶ森系台形石器。（左上：長さ 3.6cm）

図 38 ● 日向林 B 遺跡・外部ブロック群 2 出土の石器
ほとんどが安山岩と玉髄製。上・中段が藪塚系ナイフ形石器、下段の左端が削器、ほか 3 点は石核。（左上：長さ 5.6cm）

て中央部では、石器の出土量は円環部の四、五倍もあって、よりさかんな石器作りがおこなわれていたことがわかるのである。また、砥石が発見されていることも、ムラの共同作業場的な意味合いが予想できる。外部のブロック群は遺跡全体からみると使われた石材に偏りがあることなどから、特定の石材を使った作業の場と考えられる。

ところで、この遺跡での生活は、比較的短いものであったと考えることができる。それは、この時期のナイフ形石器に特徴的な石刃とそれを材料とした杉久保系ナイフ形石器が含まれていないからである。ナイフ形石器の形が狩りの方法や生活のあり方と関連あるとすれば、薮塚系ナイフ形石器を中心とした生活の時期のみにこの遺跡が利用されたことを示していると考えられる。

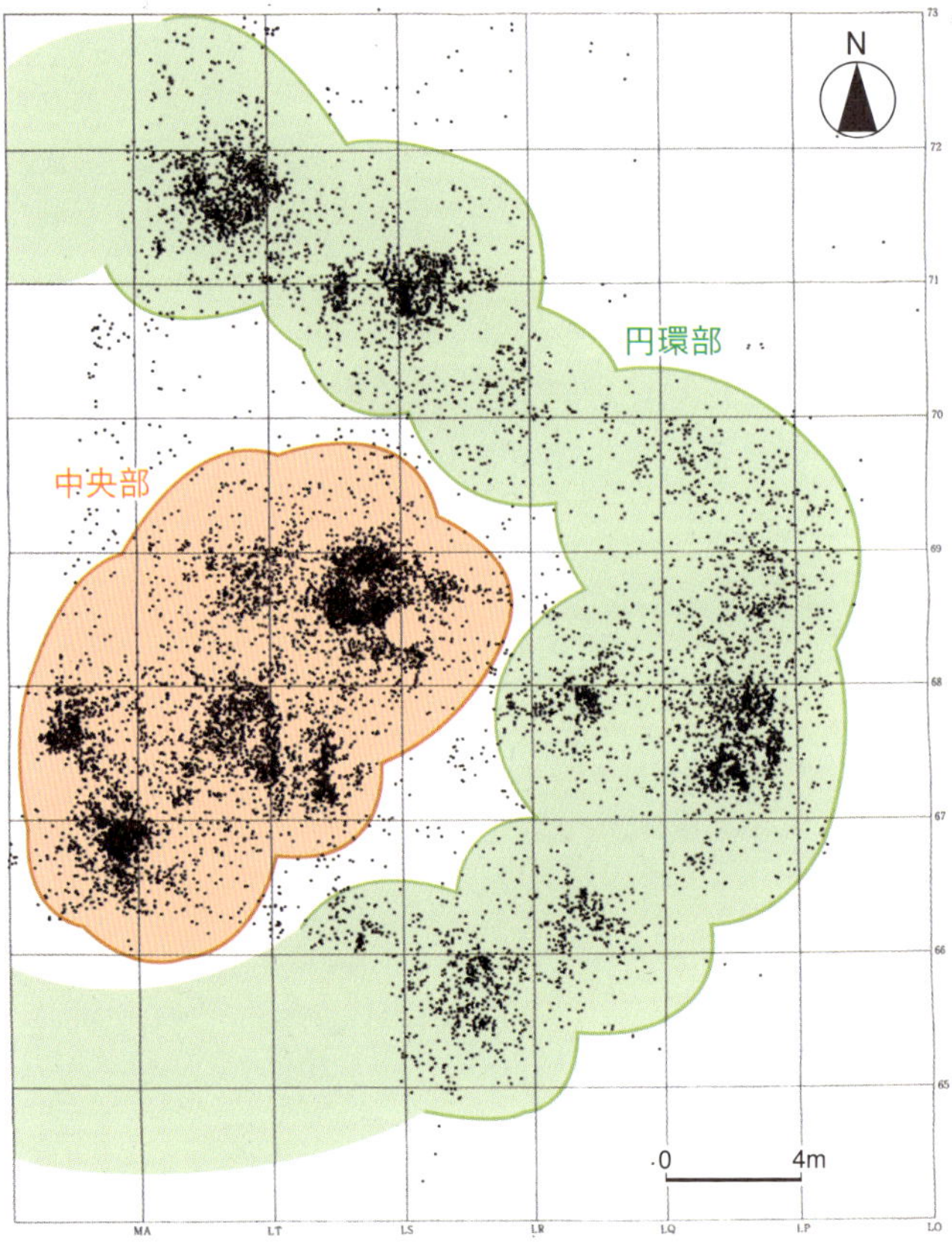

図 39 ● 家の下遺跡の環状ブロック群
西側（図の左側）は、発掘調査以前に破壊されていたが、ブロックの配置から典型的な環状ブロック群であることがわかる。

　また、遺跡の形状が良好な円形に残されていることは、後の攪拌《かくはん》を受けていないことでもあろう。つまり、その場所が、環状ブロック群のムラをつくって一シーズンというような短い期間に利用されただけで、そのまま残された遺跡であったと考えることができるのである。

秋田県家の下遺跡　この遺跡は一部がすでに破壊されており、全体が発掘調査されてはないが、直径約三〇メートルの環状ブロック群と考えられ、一万四四七五点という多量の石器が発見されている（図39）。

　遺跡では、付近で入手可能と考えられる硬質頁岩を使ってさかんに石刃を製作していた。円環部でも石刃の製作はさかんにおこなわれていたが、中央部ではより多くの石器製作がおこなわれており、そこで作られた石刃が円環部にもたらされている状況が、石器の接合

図 40 ● 池花南遺跡の石器出土状態
環状ブロック群の存在が知られるようになると、その全体像を明らかにするような発掘調査方法がとられ、全体を完全に発掘した例が増えていった。

関係からみてとれる。このことは、中央部が石器製作の中心的な役割をはたしていたことのあらわれであろう。

千葉県下総台地　この台地は岩宿時代の遺跡が多数発見されている地域として有名であるが、この地域でも多数の中形の典型的な環状ブロック群が発見されている。中山新田Ⅰ、瀧水寺裏《りゅうすいじうら》、坊山《ぼうやま》、池花南（図40）、御山遺跡（図41）などが、その好例といえる。

しかし、石器となる石材に乏しい下総台地では、出土する石器や石器作りに関連する資料が少なく、前述の二遺跡にくらべれば、ブロック群の情報が非常に乏しいのである。

それでも、典型的な遺跡では、その石器の分布状況をみただけで、環状ブロック群であることが明瞭な例が多数ある。

また、石器の出土数は少ないものの、円環部あるいは中央部のブロック相互に頻繁な接合関係が

図41 ● 御山遺跡出土の石器
上段は米ヶ森系台形石器とその石核（右端）、中段左3点は楔形石器、右4点が石刃、下段左2点が石斧、右2点が接合資料。（左下：長さ5.9cm）

認められる例も多い。そのことは、この地域でも、環状ブロック群のムラを形づくって住んだ人びとが、石器を交換し合うような親密な関係をもっていたことの証であろう。

関東地方でみつかる大形の環状ブロック群

直径四〇メートルを超える大形の環状ブロック群は、いまのところ、最初の発見例である下触牛伏遺跡のほか、北関東地方の同県の三和工業団地I遺跡、栃木県の上林遺跡、南関東地方の武蔵野台地では東京都の高井戸東、田無南町《たなしみなみちょう》遺跡、下総台地では千葉県の泉北側《いずみきたがわ》第3、東峰御幸畑西《とうほうみゆきばたにし》（エリア1）、南三里塚宮原第1（第1環状ブロック群）遺跡、また全体が発掘調査されていないが、墨古沢南I、東大野第2遺跡などがある。

いまのところ関東地方で発見されただけだが、いずれほかの地域でも発見される可能性がある。

栃木県上林遺跡　この遺跡（図42）は、佐野市に

図42 ● 最大規模の環状ブロック群が発見された上林遺跡
佐野市郊外の旧越名沼畔の沼に張り出した台地上に立地。写真の右方向が沼で、環状ブロック群は発掘区の右側から発見された。

図 43 ● 上林遺跡出土の杉久保系・茂呂系ナイフ形石器
下段右側 4 点が茂呂系ナイフ形石器で、他はすべて杉久保系ナイフ形石器。多様な石材が使われており、完成品として持ち込まれたものが多いと考えられる。（左下：長さ 4.0cm）

図 44 ● 上林遺跡出土の数塚系ナイフ形石器（左下：長さ 4.3cm）

あり、南北方向の長径八〇メートル、東西方向の短径五〇メートルの楕円形をした、全国的にも最大規模の環状ブロック群である。遺跡全体が発掘されているとともに、調査者の出居《いでい》博《ひろし》氏によって充実した分析研究が実施された。

発見された石器類は三五四〇点におよんでおり、杉久保系ナイフ形石器七六点、茂呂系ナイフ形石器五点（図43）、藪塚系ナイフ形石器二二点（図44）、石斧三点の石器が含まれている。楕円形の円環部は三〇のブロックに区分され、中央部にもいくつかのブロックがあるが、その中心は南と北にある二つのブロック群である（図45）。

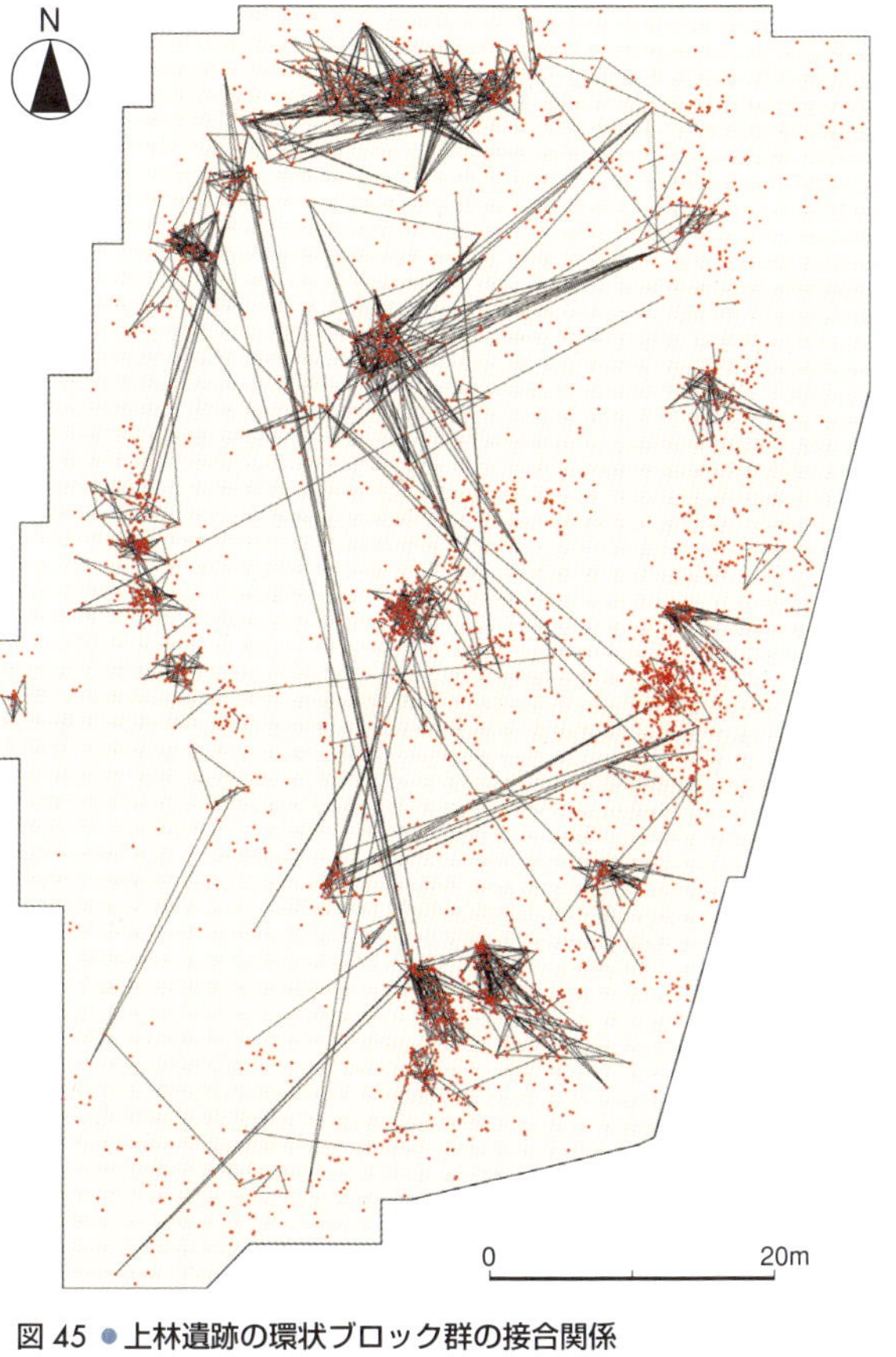

図 45 ● 上林遺跡の環状ブロック群の接合関係
隣接したブロック同士の接合関係があるほか、対向する位置関係にあるブロック間で接合関係があることがわかる。

円環部の西側には地元の石材であるチャートを多く使用するブロック群があり、東側は黒耀石、ガラス質安山岩、流紋岩や頁岩類など遺跡から遠方に産地がある石材が多く使われる傾向があった。

このことについて出居氏は、「近隣集団」と「遠方集団」という二つの移動経路の異なる集団が、この大形の環状ブロック群を形づくったと考えている。

中央部で石器類が集中して発見された二つのブロック群は、北側が在地系のチャートを主体とし、南側は黒耀石を主体としている。中央部のブロック群もそうした二つの異なる集団を反映したものであったであろうか。そのことは、ここにムラをおく時点で、異なる集団同士の関係を考慮してムラの形が決められた可能性さえ考えられるであろう。

遺跡でおもに石器作りに使われたのは、チャートという石材で、遺跡からは総重量約一一七キロの石器が発見されているが、そのうちの九二キロ、全体の約八〇パーセントを占めている。そしてその元の石（原石《げんせき》）の状態を調べたところ、約八一キロは岩脈の露頭《ろとう》からもち出された角礫《かくれき》（図46）で、その産出地は東方向約一キロにある三毳山《みかもやま》であると考えられている。

図 46 ● 上林遺跡出土の接合資料
川で流れて摩滅したような部分がどこにもみられない。露頭から直接採取されたものと考えられ、ほぼその原石の大きさに接合した例。（長さ 14.8cm）

上林遺跡を残した人びとは、チャートの石材の採取とそれによる石器作りをさかんにおこなっていたのであろう。また、その対向する円環部同士の接合関係も多くあり、それら全体が統合されてひとつの巨大なムラができ上がっていたことは一目瞭然である。

群馬県三和工業団地Ⅰ遺跡　この遺跡は下触牛伏遺跡から東南東三キロと近くでありながら、直径七〇メートル以上にもおよぶ大形の環状ブロック群が発見されたものである。群馬県東南部の大間々扇状地に立地し、扇状地内の湧水点付近に形成されたこの遺跡は、円環部、中央部、そして「帯状分布西（外部1）」「帯状分布東（外部2）」とよばれる二つの外部のブロック群によって構成されている（図**47**）。円環部が数珠つなぎとなって構成され未発掘部分へとひろがれば、直径一〇〇メートルにもおよぶ大環状ブロック群であったことも予想される。

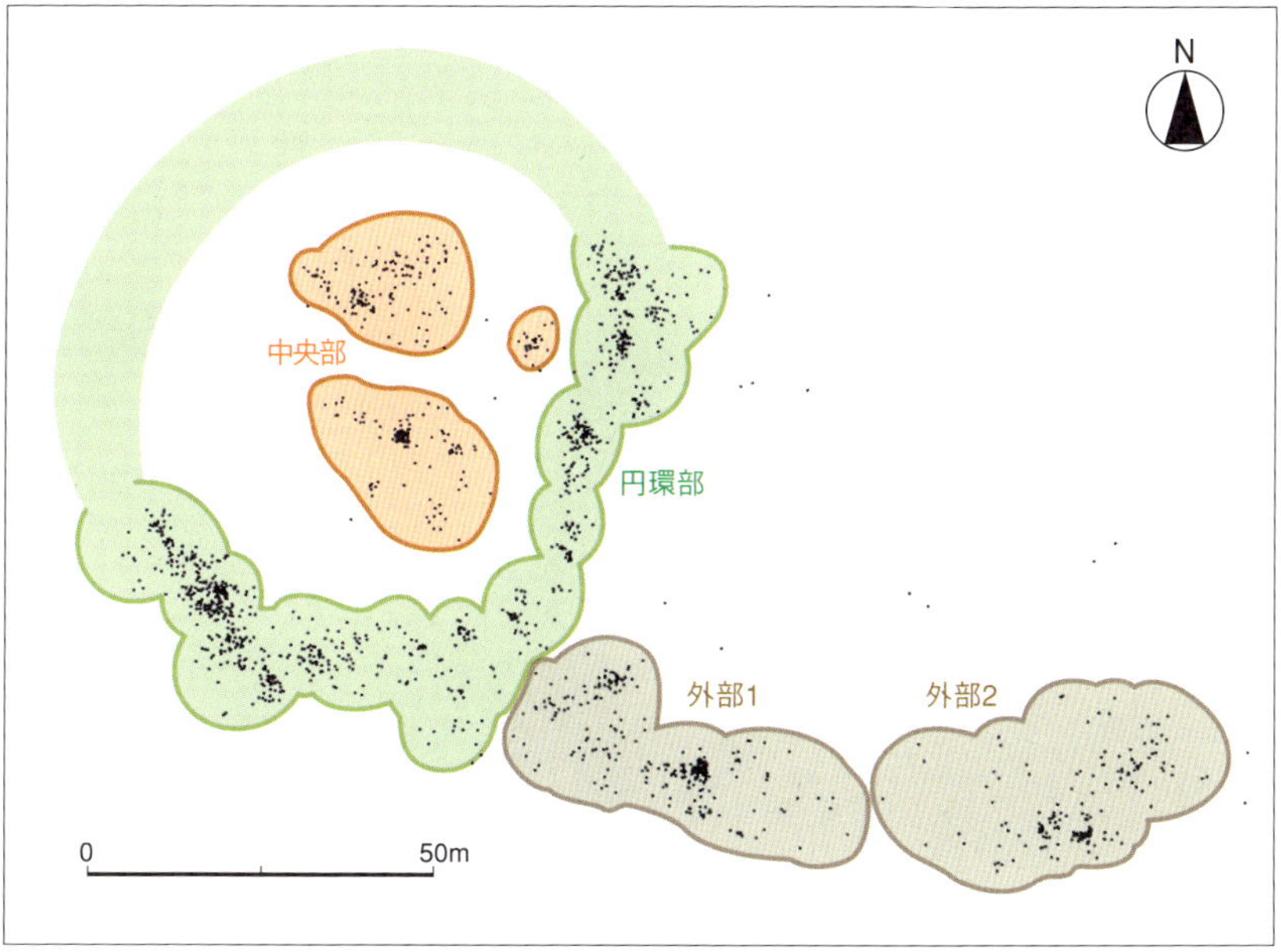

図 47 ● 三和工業団地Ⅰ遺跡の環状ブロック群
円環部が発掘されていない部分へひろがるとすると、直径 100m にもなる最大級の環状ブロック群であったと考えられる。

図 48 ● **三和工業団地 I 遺跡の外部ブロック群 1 出土の石器**
上段右 1 点は掻器、2 点目は米ヶ森系台形石器、上段のほかの石器は杉久保系ナイフ形石器で、すべて石刃を素材としている。下段はすべて石刃。（右下：長さ 10.8cm）

図 49 ● **三和工業団地 I 遺跡の外部ブロック群 2 出土の石器**
上段右端は彫器、左側 3 点は石刃、下段右端は接合資料で、左 3 点はこの遺跡ではこのブロック群にしかない楔形石器。（左上：長さ 7.6cm）

また、弧状の二つの外部のブロック群の調査では、出土した石器の内容から、外部ブロック群1は黒色頁岩と黒色安山岩による石刃とナイフ形石器の製作をおこなった地点で、外部ブロック群2は遺跡全体でもこの部分にのみ、骨や角などを割る際に使われたと考えられる楔形石器《くさびがたせっき》が発見されており、それを使用した場所と考えられている（図48・49）。これら二つのブロック群でおこなわれた作業は、円環部での石器作りと異質であり、円環部ではできなかった作業を外部でおこなっていた可能性がある。

これらの大形の環状ブロック群をみると、ほぼ正円形になる下触牛伏、南三里塚宮原第1、東大野第2遺跡などと、上林、泉北側第3（図50）、墨古

図50 ● 泉北側第3遺跡の環状ブロック群
長径57m×短径42mの大形環状ブロック群。正面奥のブロックが広がる部分には外部のブロック群がある可能性がある。

沢南I遺跡など楕円形になるものがあるようだ。

また、中央部も一カ所にブロックが集中するというよりは、数カ所にみられる例も多い。いずれの環状ブロック群でも円環部の対向する位置にあるブロック同士で接合関係をもつものが多く、直径五〇メートルを超えるような大形のムラも一時期に形成されたことがわかる。

小さくても構成要件を満たす小形の環状ブロック群

小形の環状ブロック群には、東京都の下里本邑遺跡（図51）や長野県の針《はり》ケ《が》平《たいら》第1遺跡、静岡県の中見代第I遺跡などがある。

これらの遺跡は直径一〇メートルほ

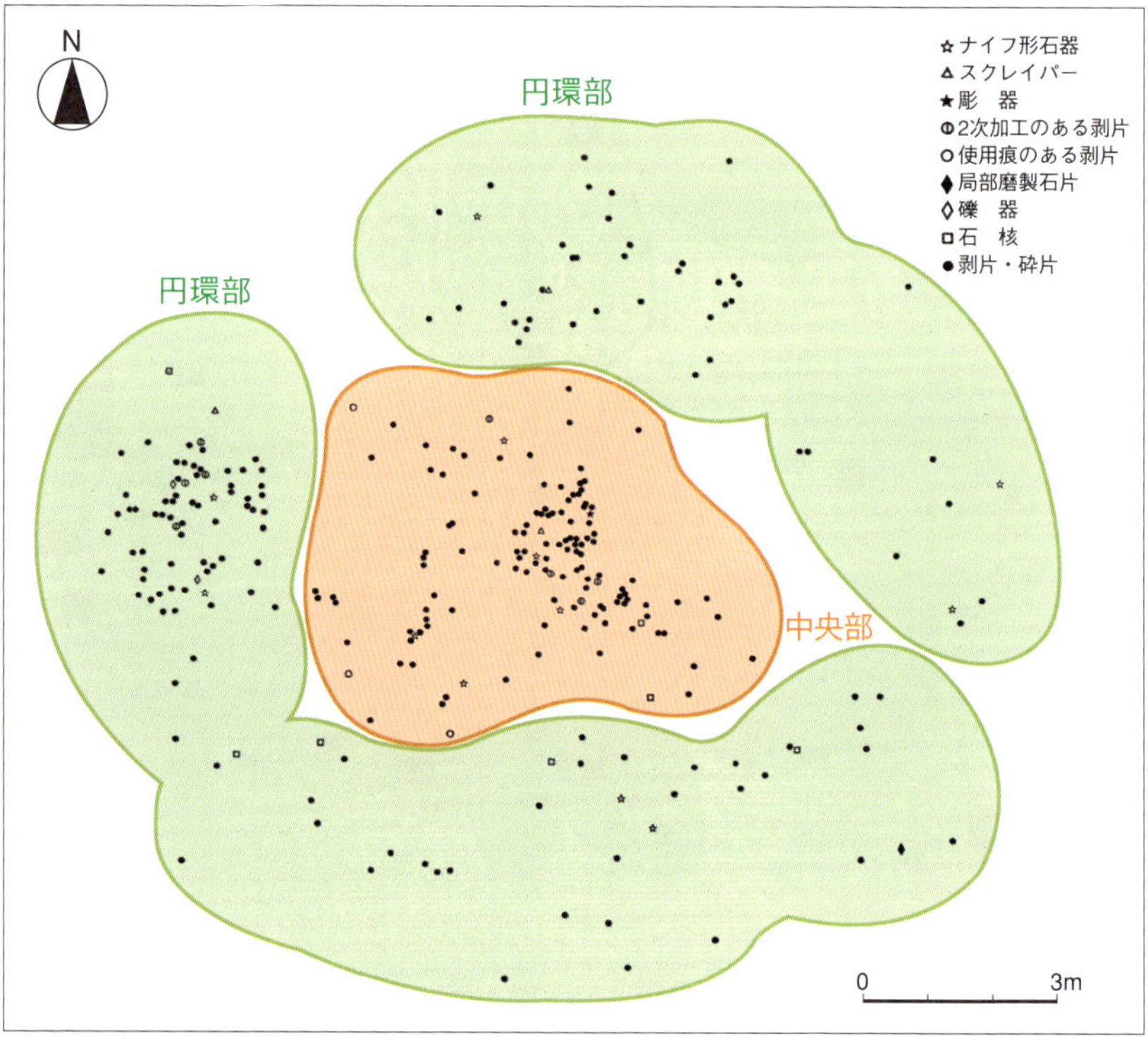

図51 ● 下里本邑遺跡の環状ブロック群
直径約14mの小形のもの。小形であっても中形や大形同様、
円環部と中央部をもっている。

どではあるが、いずれも円環部が六、七カ所のブロックで構成され、その中央部に一カ所のブロックがあって、その形状は中形の典型例によく似ている。小規模であっても環状ブロック群と同じ構成になることはたいへん興味深く、ムラの姿を考えるうえでも重要な問題である。

2　環状ブロック群の集落像とムラの生活

円環部は居住、中央部は共同の場

以上から、まず円環部のブロック群は、下触牛伏遺跡ではどのブロックでも黒色安山岩を割って石器を作っていたこと、日向林B遺跡では数ブロックで構成されるブロック群がほぼ同様な内容をもっていたこと、またそれぞれの遺跡で一般的とされる石器が残されることが多いことから、どの環状ブロック群でも円環部は、一般的な生活が送られた、ムラ全体をめぐってイエが建ち並ぶ場所と考えられる。

中央部のブロック群は、下触牛伏遺跡では杉久保系ナイフ形石器や石刃が集中し、日向林B遺跡では石斧を研ぐための砥石があり、同じく日向林B遺跡や家の下遺跡などでは石器作りが円環部よりも集中しておこなわれていたことから、ムラ全体で共同に使う空間であったと考えられる。

さらに、外部ブロックは、日向林B遺跡では黒耀石あるいはガラス質安山岩・玉髄といった限定された石材で石器作りがなされ、三和工業団地I遺跡では石刃とナイフ形石器をさかんに作っているものと楔形石器を使用した場所が明らかとなったように、特定の作業空間といえそうである。

狩猟生活の拠点

環状ブロック群の時期は岩宿時代Ⅰ期であるが、ナイフ形石器では杉久保系ナイフ形石器や薮塚系ナイフ形石器がもっとも特徴的な石器であることはすでにのべた（図18参照）。また、つぎのⅡ期に盛行する茂呂系ナイフ形石器も発見されることがある。これらは狩り道具で、槍の穂先となった石器であると考えられている。これらが必ず環状ブロック群の遺跡から発見されることは、環状ブロック群のムラでの生業の中心が狩猟活動であったことを物語っていよう。

またⅠ期には、ほかの時期にはみられない石器として、石斧がある（図52）。この石斧の多くは刃先が磨かれているもので、岩宿時代が世界史でいう旧石器時代に相当するものの、独特なものであることを示す石器である。石斧といえば、以前は木を切る道具として

図52 ● 南三里塚宮原第１遺跡・第２地点環状ブロック群出土の石斧
長径24m×短径19mの中形の環状ブロック群から20点もの石斧が発見された。関東地方では異例の出土数であるが、一カ所にまとまることなく、円環部からほぼ等間隔に発見された。（左下：長さ11.0cm）

位置づけられていたが、近年、狩りでしとめた大形動物を解体する道具であるという説があらわれた。当時の生活が狩りを中心としたものであったとすれば、その際に使用していたものと考えられないかというのである。

しかし、刃先は磨かれているものの、その刃では動物の皮を切り裂くことはできず、肉をきれいに切り分けることもできないであろう。それでも狩りの際に、動物を倒す鈍器の役割をした可能性は十分あるが、その用途は必ずしも特定されているわけではない。いずれにしても、環状ブロック群では必ずといってよいほど発見される道具であり、環状ブロック群を形づくったムラとなんらかの密接な関連があったと想像されてよいであろう。

そのほかには、木や骨などを削る際に使った削器《さっき》、骨などを割る際に使う鏨《たがね》の役割をした楔形石器、やや大きめの川原石の一端を打ち割って刃付けをした礫器《れっき》などが、環状ブロック群の時期の特徴的な石器である。

環状のムラの景観と成り立ち

環状ブロック群は、下触牛伏遺跡でみたように、どれもその内部に広場をもち、円形にイエが建ち並んだムラであったことが想像される（図53）。そしてそこに残された石器類は、生活を支えた狩りと、そのために用意される石器の製作に関連しているものが多いことは、その生活の中心がなんであったかを物語っているのであろう。

そして、円環部の個々のブロックがイエを反映していると考えると、これまでみてきた中形のムラでも十数軒、大形のものでは二〇軒以上のイエが建ち並んでいたことになろう。それぞれのイエに平均五人の家族が暮らしていたことを考えると、中形の環状ブロック群で五〇～八〇人、大形のものでは一〇〇人以上もの人びとが同時に住んでいたことになる。これほどの多数の人びとが、石器を分け合うような関係をもって、同時に一カ所に生活していた様子が浮き彫りになってくるのである。

このような円形にイエを配置した大形のムラをつくるためには、配置可能な平坦地を選び、計画的にムラづくりをする必要がある。ムラづくりをする際に、ムラに住まいをつくるイエの総数、人数などのムラの規模があらかじめ理解されていなければならないであろう。そして、そうした広さをもった台地が選択され、イエをどのように

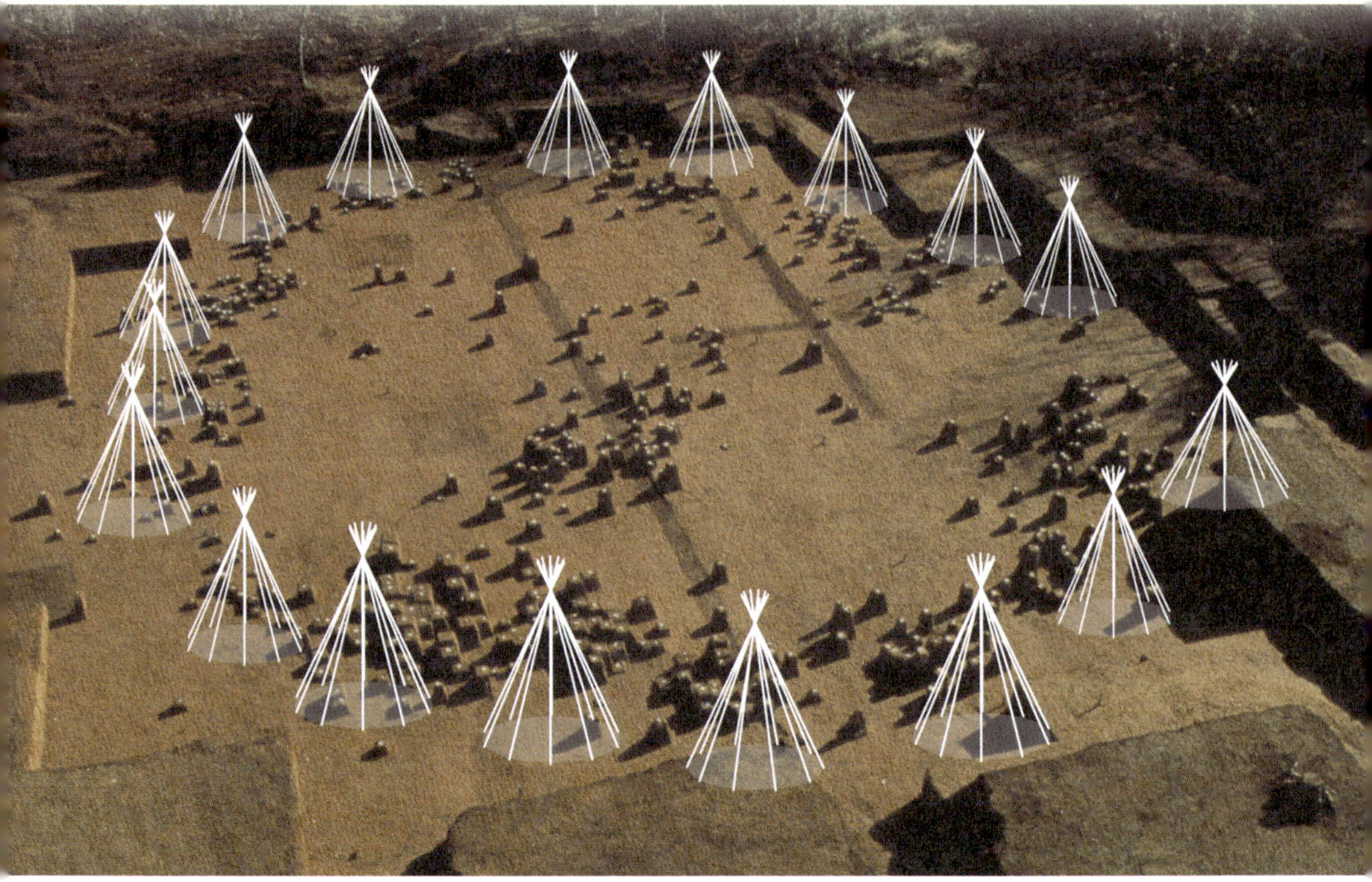

図53 ●環状のムラの復元想像図
池花南遺跡の環状ブロック群にテント状のイエを重ねた。石器作りがおこなわれたブロックをイエの入り口付近と想定している。

配置するのかというようにムラをある程度設計した後、各家族の居住場所を定め、そこにイエを建てていったと考えられる。また、そのイエが円形に配置されることは、それぞれがほぼ平等な人間関係を保った集団の組織であったことも考えられる。環状ブロック群のムラが残るためには、そのような社会的な人間関係を知ったうえで、計画性と組織性が必要であったものと想像できるのである。

なぜムラは環状なのか

約三万五〇〇〇年前から二万八〇〇〇年前という岩宿時代最古のI期に、このような、ある程度の組織性をもった大集団が存在した要因は何であったのか。狩猟採集の生活を送っていたと考えられる岩宿時代に、それほど大きな集団をつくることにどのような意味があったのだろうか。

一般的に、狩猟採集という自然にあるものから食料を得る生産形態、すなわち獲得経済の社会では、獲物が得られるかどうかということが人びとの生死に直接かかわる重要な問題であったはずだ。しかし、獲物はとれる日もあればとれない日もあるというように、なかなか計算どおりにはいかなかったであろう。

そうした場合、大きな集団でいることは、獲物が得られない日々な続いたときに、多くの人びとが生死の危険にさらされる確率が高くなる。そのため、ある程度の少人数で分散して生活するほうが安全であるため、そうした傾向にあるというのである。それでは何を契機として、危険を冒してまで大形の環状のムラが形づくられるようになったのであろうか。

そのことについては多くの研究者がさまざまな説を示して、岩宿時代の人びとの生活ぶりに迫ろうとしている。以下、おもな説を紹介する。

石器交換説　砂川遺跡の研究などをとおして、世帯間での石器の交換が意識的におこなわれ、その関係が保たれるという「互恵制《ごけいせい》」について研究を進めていた栗島義明《くりしまよしあき》氏は、環状ブロック群においてブロック間での石器の接合関係が頻繁なことから、環状ブロック群は、石器の交換の場であるという石器交換説を主張している。

祭祀場説　縄文時代の集落にも、家が環状に並び中央に広場をもつ環状集落がある。その集落中央の広場は村の祭祀《さいし》の場であり、祖先を祭る墓地でもあった。このことから白石浩之《しらいしひろゆき》氏は、同様なムラの形である環状ブロック群も、大人数のムラ全体の祭りをおこなう場所であり、集団全体をとりまとめるための空間であるという説を唱えている。

外部警戒説　環状ブロック群の中央の空間は、祭りの場所というよりも共同で管理するものをおくための広場であるとする説。安斎正人《あんざいまさと》氏は、民族例を援用し、周辺にイエが立ち並ぶことで、中央にあるもの、たとえば食料などを外敵から守るために、そのような集落の形になったとする考え方を主張する。

紐帯確認説　岩宿時代は、ある時期には数家族ほどに分散して生活し、またある時期にそれらが集まって大集団をつくる「離合集散」という集団規模の変化があったという考え方がある。佐藤宏之《さとうひろゆき》氏は、集合したときに大集団をつくり、そのときに環状ブロック群のムラがつくられ、集団としてのまとまりの意識、「紐帯《ちゅうたい》」を確認し合ったという説を主張している。

大形獣狩猟説　岩宿時代I期には、日本列島にナウマンゾウやオオツノジカなどを含めた大形動物が多数生息していたので、それを集団で狩りするために多くの人びとが集まって、環状ブロック群のムラをつくったという説。ナウマンゾウのような大形動物を仕留めれば、多量の食料を一度に得ることになる。また、ゾウのような大形動物は、一人で狩りをしたのではなく、集団で狩りをしたと考えられることも、大集団を形づくる要因になったのではないかという説で、大工原《だいくはら》豊《ゆたか》氏や日向林B遺跡を発掘調査した谷和隆《たにかずたか》氏が主張している。

折衷説　これまでに述べた諸説を折衷し、大形動物の狩りをしてその肉を分け合うこともあれば、石器や物、情報などを交換したり、人同士の交流をしたりというようにさまざまな理由によって環状のムラがつくられたとする説もある。

以上の説のどれが環状ブロック群成立の要因としてふさわしいだろうか。

遺跡に残された石器とその石器作りの様子は、それぞれの環状ブロック群で大きく異なっている。石器交換説をとるとすれば、たしかに家の下遺跡や日向林B遺跡などでは多量の石材を割って石器を作り、互いに分け合ったかのような状況も考えられる。しかし、下総台地の環状ブロック群のように石材の乏しい場所にかえって環状ブロック群が多いことには矛盾する。それでも環状ブロック群全体に石器の交換関係がみられ、石器の交換がある意味では、集団の紐帯を確認することにもつながっているだろう。

祭祀場説、外部警戒説、紐帯確認説は、岩宿時代のどの時期にもあてはまり、環状ブロック群が岩宿時代I期だけにみられることの説明にはならない。

折衷案は有利であるようにもみえるが、諸説をたんに寄せ集めただけでは同じことであろう。いずれにしてもこれらの説を簡単には結論づけることはできないのが現状である。

狩猟キャンプとして環状のムラ

著者自身は、集団で生活する危険性を乗り越えて企画的で組織的なムラづくりがなされた根源には、大形獣狩猟説が有力であると考えている。環状のムラは多くの場合、狩猟キャンプであったと想定している。

ナウマンゾウ（図54）は約四トンの体重があり、その皮や骨、牙といった食べられない部分をのぞいた可食部分が六〇パーセント程度であるとすると、二四〇〇キロの肉を得ることになる。一人一食五〇〇グラムの肉を食べるとすれば、一日三食としても一・五キロ、五〇人で一日に七五キロ消費することになる。五〇人で三〇日食べつづけると二二五〇キロとなる。このように単純に計算すると、ナウ

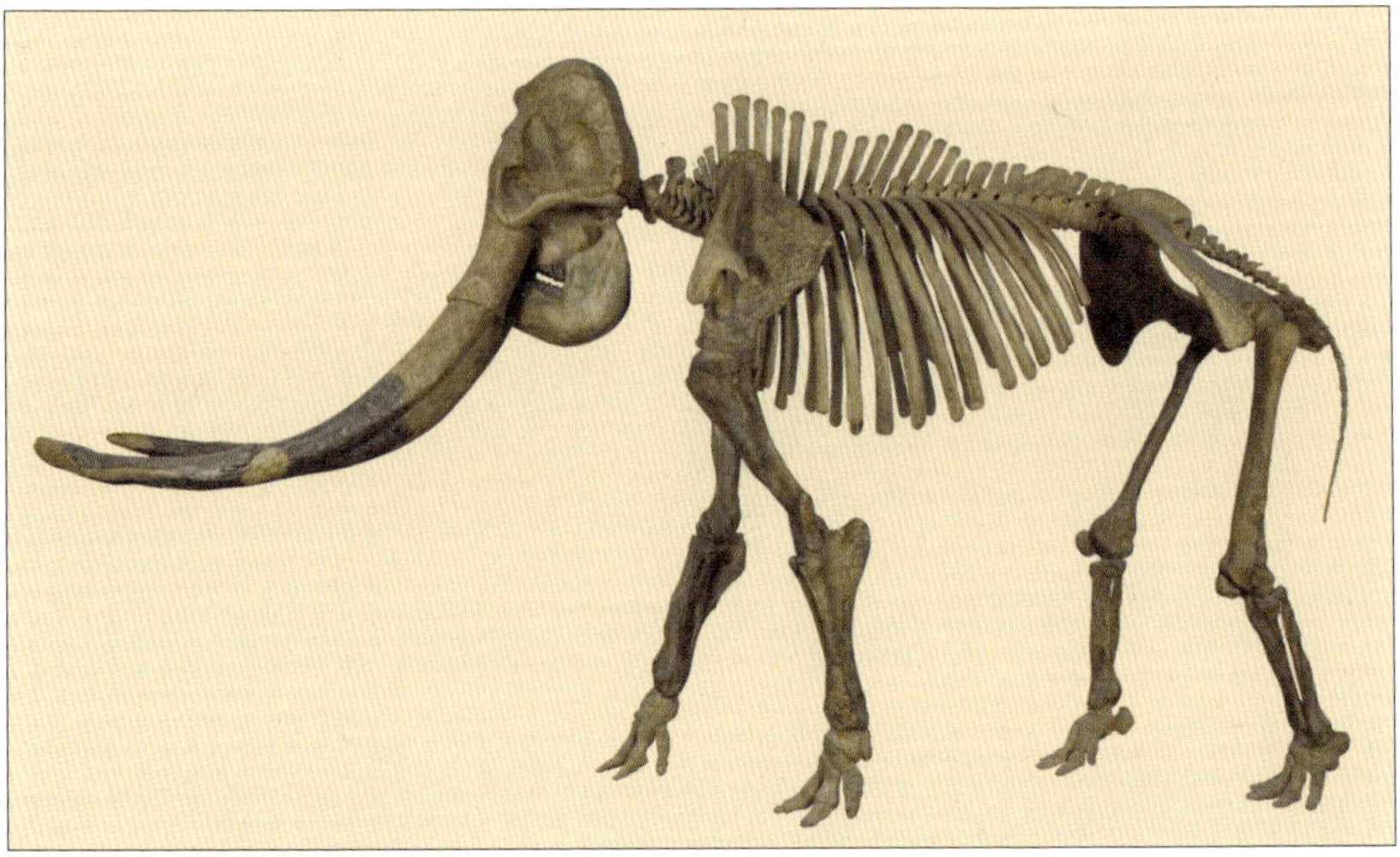

図54 ● ナウマンゾウの骨格
北海道忠類村発見のナウマンゾウ化石の全身骨格。当時の人びとはこのような大形動物を狩りしていたものと考えられる。

マンゾウ一頭を倒すと、五〇人で一カ月分の食料を一度に得ることとなろう。肉をどのように保存するかなど単純にはいかないが、その経済性は重要な要素といえるであろう。

また大形獣の狩猟は一人ではとうてい不可能で、多くの成人男子が役割分担をして狩りをおこなったと考えられる。動物の監視役、群れから追い立てる役、仕留める役、そしてそれらを指揮する役などの分担があって、はじめて大形獣を倒すことができるのではないだろうか。当然のことながらこのような狩猟グループにはチームワークが必要不可欠であったにちがいない。

そのような狩猟活動で形づくられた強固な集団関係が、また環状のムラを生み出し、ムラの形にあらわされているというのは考えすぎだろうか。

ナウマンゾウは、日本列島内では約二万年前の化石がもっとも新しい年代ものであり、環状ブロック群がなくなる年代とややずれているが、そのころまでに個体数が徐々に減少していったと考えれば、一定数狩猟可能であったのは、より以前と考えられるのではないだろうか。もちろん、たんに大形獣の狩猟のときのみ環状のムラができたわけではないであろうが、生業の中心となる狩猟活動の組織体系が、その社会組織の基礎となっていたと考えられてよいであろう。大形獣の狩猟をとおして形づくられた強固な集団関係をもつ社会組織の存在こそが、生活のさまざまな場面で形成された環状ブロック群のムラがつくられた背景にあったのではないだろうか。直接的で具体的な要因によって環状のムラができるのではなく、当時の社会組織の一端がその形にあらわれていたと考えておこう。

第5章　岩宿時代社会のダイナミズム

1　環状のムラの集中と生活の舞台

接合関係がある二つの環状ブロック群

最近の発掘調査では、岩宿時代Ⅰ期という古い時期に環状ブロック群が存在することを意識した調査がおこなわれていることもあって、一つの遺跡で環状ブロック群が複数発見される例もめずらしくはなくなってきている。野尻湖遺跡群では大久保南遺跡、群馬県では天引狐崎《あまびききつねざき》遺跡、千葉県では瀧水寺裏、東峰御幸畑西、南三里塚宮原第1、四ツ塚《よつづか》、関畑《せきはた》遺跡など、関東地方を中心にその例が増加しつつある。

岩宿時代Ⅰ期は数七〇〇〇年の時間幅があると考えられるため、同じ遺跡でいくつかの環状ブロック群が発見されたとしても、それらが同時にあるいは近い時期のものであるとは限らない。しかしながら、同じ遺跡から発見された二つの環状ブロック群が、あまり時間をおかずに存在していたことを証明できる遺跡が知られるようになった。四ツ塚遺跡と関畑遺跡では、二つの環状ブロック群の間で同一母岩の石器が接合した例が発見されたのである。

千葉県下総台地の東側にある四ツ塚遺跡（図55）では、長径一八メートル、短径一四メートルで小形の第1環状ブロック群（図56）と、直径約三〇メートルで中形の第2環状ブロック群（図57）が、八メートルほど距離で近接して発見された。そして第1環状ブロック群から発見された一点の剥片が、第2環状ブロック群から発見された三点の剥片と一点の石核とが接合したのである（図58）。

これらの石器が割りとられた状況をくわしくみてみよう。第1環状ブロック群から発見された剥片は、剥ぎとられた面以外は自然の石の表面がそのまま残されており、最初に割りとられたものであることがわかる。一方、第2環状ブロック群で

図55 ● 四ツ塚遺跡で発見された二つの環状ブロック群
8m という至近距離で発見された。小形と中形の部類で、大きさはだいぶ異なっており、集団の規模のちがいがわかる。

図 56 ● **四ツ塚遺跡・第 1 環状ブロック群出土の石器**
上段左側 2 点が数塚系ナイフ形石器、3 点目が楔形石器、
ほかは剥片類。（右上：長さ 5.7cm）

図 57 ● **四ツ塚遺跡・第 2 環状ブロック群出土の石器**
上段左側 4 点が杉久保系ナイフ形石器、5 点目が茂呂系ナイフ形石器、
次いで 4 点が数塚系ナイフ形石器、右端は楔形石器、右から 2 点目
は削器。下段の右端は剥片、それ以外は石刃。（左上：長さ 7.6cm）

発見された石器を接合すると、いくつか足らない部分があるが、また第1環状ブロック群で発見された剥片をさらに接合すると、それらの間にも発見されてはいない剥片が割りとられていたことがわかる。

このことからいく通りかの石器の動きが想定されてくるが、単純に考えると、第1環状ブロック群でまず最初に石が割られ、その後、別の場所で石器作りがおこなわれた後、第2環状ブロック群でさらに石器が割りとられたと考えられる。

同じ千葉県でも東京湾沿いに位置する関畑遺跡では、四五メートルはなれて直径約一四メートルの「Aユニット」の小形の環状ブロック群と、直径約二〇メートルの「Bユニット」の中形の環状ブロック群が発見されたが、それらの間にも、敲石の破片とその本体が接合する例が知られている（図59）。

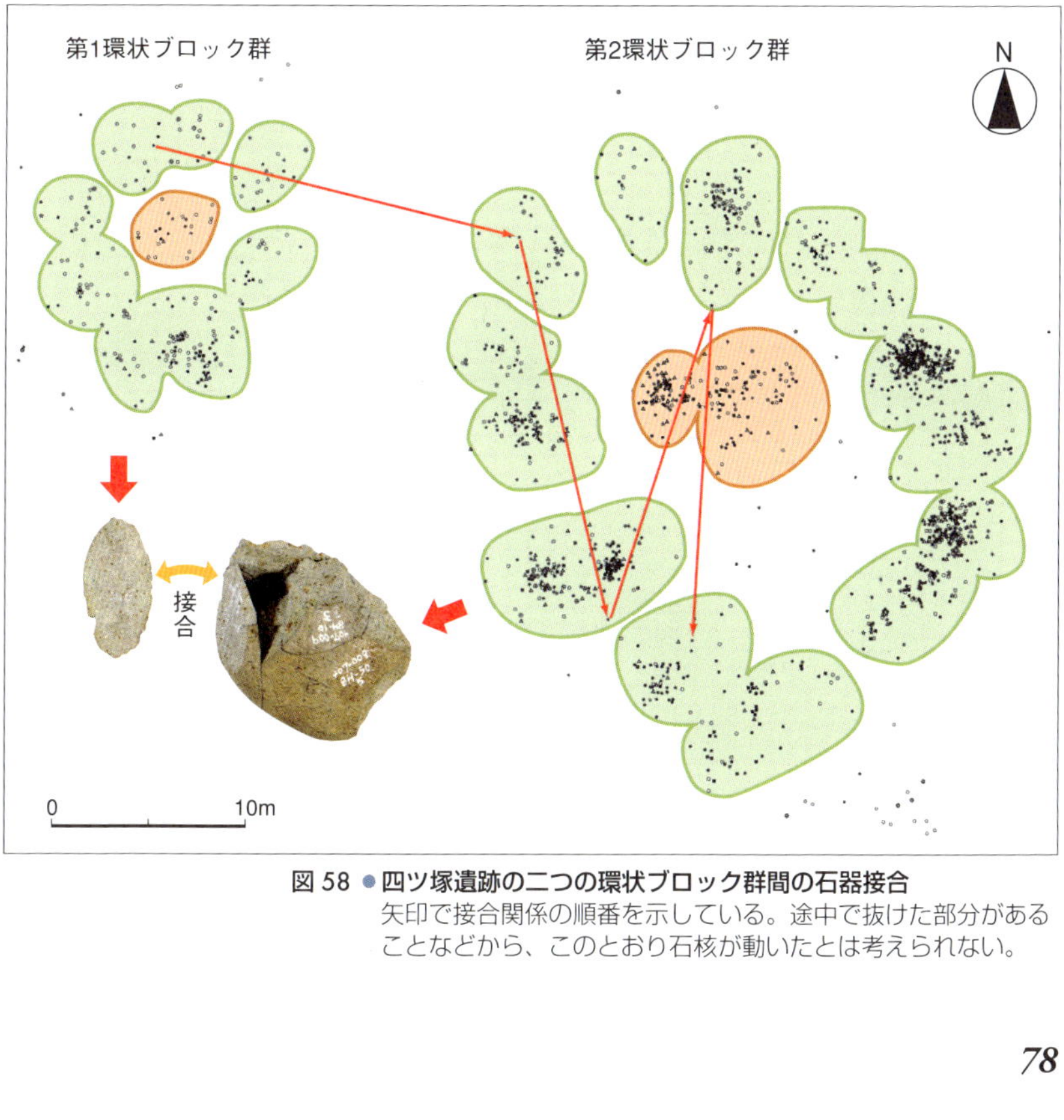

図 58 ● 四ツ塚遺跡の二つの環状ブロック群間の石器接合
矢印で接合関係の順番を示している。途中で抜けた部分があることなどから、このとおり石核が動いたとは考えられない。

「Aユニット」からは破片のみの二点が発見され、「Bユニット」からは敲石の本体と破片が発見されている。これらの割れ方からすると、「Aユニット」から発見された破片は、焼けて赤く変色しており、「Bユニット」から発見された二点の間に入るものであって、その順序の解釈を難しくしている。同時に二つの環状ブロック群が存在してなんらかの関係があったのか、あるいは時間差があったのか今後問題となるところであろう。

いずれにしてもこれら二組の環状ブロック群同士の石器の接合関係が残された理由は不明瞭な点も多い。四ツ塚遺跡の接合

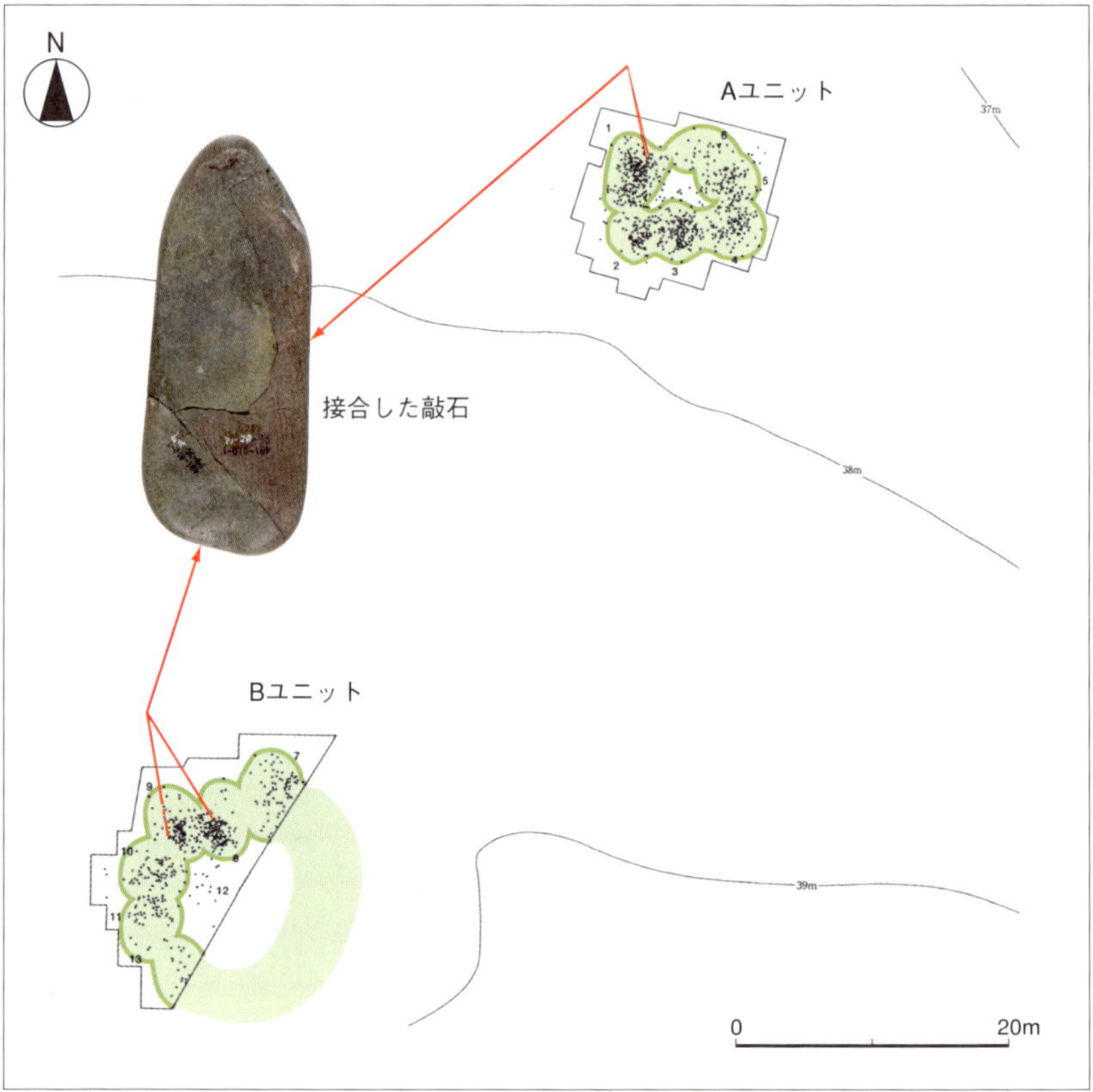

図 59 ● 関畑遺跡の二つの環状ブロック群と石器接合
Aユニットと B ユニットでは、破砕された敲石の接合関係が確認された。
割れ方と残り方の関係、石器の性格からその時間的な順番は不明瞭である。

例からみると、第1環状ブロック群と第2環状ブロック群には若干の時間差が想定され、第1環状ブロック群で生活した人が、一定時間をおいてふたたびこの場所を訪れて、そのときは第2環状ブロック群で生活したと解釈することができよう。こうした状況は、遊動する岩宿時代の人びとがある季節をおいてふたたび同じ場所を訪れて利用する、「回帰」とよばれる行動のあらわれである可能性がある。

環状ブロック群が集中する地域

そのような具体的な環状ブロック間の接合関係はないが、一定の地域で多数の環状ブロック群が発見される場所がある。長野県の野尻湖遺跡群、群馬県の鏑川《かぶらがわ》流域や赤城山南麓から大間々扇状地にかけての地域、千葉県の下総台地内のいくつかの地域などがある。

野尻湖遺跡群は、先に述べた日向林B遺跡のほ

図 60 ● 野尻湖遺跡群
ナウマンゾウ化石の発掘で有名な野尻湖の周辺は、岩宿時代遺跡の宝庫で、とくに最古のI期の遺跡が多い。

か、二カ所の環状ブロック群が発見された大久保南遺跡、大遺跡で数カ所の環状ブロック群が含まれていると予想される貫ノ木遺跡、やや離れているがやはり二カ所の環状ブロック群がある仲町遺跡などの遺跡が、南北七キロ、東西五キロの範囲に集中している（図60）。

野尻湖はナウマンゾウの化石で有名であるが、それとともにオオツノジカの化石やそれらの足跡などが多数発見されている。それらは約四万年以上前と、環状ブロック群の残された時期よりややさかのぼってしまうが、岩宿時代I期には、まだそれらの大形動物が生息していたはずであるから、この時期にもそれらの大形動物を追って当時の人びとがやってきた可能性は十分にあるだろう。

群馬県西部の鏑川流域（図61）では、上信越自動車道路の建設にともなって、天引《あまびき》狐崎、天引向原《むかいはら》、白倉下原、多比良追平野《たいらおっぺの》遺跡が発見されている。また最近では折茂《おりも》Ⅲ遺跡も発掘された。

図61 ●鏑川流域の景観（上流より望む）
下流側はそのまま関東平野へと続いている。白倉下原遺跡周辺では多数の環状ブロック群が集中して発見されている。

このうちの天引狐崎、天引向原、白倉下原遺跡は全体で四カ所の環状ブロック群が発見され、狭い地域に環状ブロック群が密集していることがわかる。

この流域は、南北と西側を山で区切られた、南北四キロ、東西一八キロの細長い地域で、鏑川右岸には平坦な河岸段丘が続き、絶好の狩猟場所であったことも考えられる。また、この流域をさかのぼると長野県東部に至り、黒耀石《こくようせき》の原産地へのルートであったこともその利用の理由となったのかもしれない。

群馬県南東部の赤城山南麓から大間々扇状地にかけての地域には、下触牛伏遺跡や三和工業団地Ⅰ遺跡があるが、北東部には和田、武井、十二社《じゅうにそう》遺跡、北西部には今井三騎堂《いまいさんきどう》遺跡があり、三和工業団地Ⅰ遺跡がある大間々扇状地の湧水点付近には、大上、波志江西宿遺跡などがあって、環状ブロック群が集中している。これらの地域は、赤城山南麓の丘陵地から平野部に続く台地上にあり、関東平野の北端にあたる部分である。

千葉県の下総台地では、その中央部に集中する場所が何カ所もある。四街道市周辺では、中形の典型例として知られる池花南遺跡のほか、出口《でぐち》・鐘塚《かねづか》、小屋ノ内遺跡などがある。下総台地北東部の成田市付近には、東峰御幸畑西、十余三《とよみ》稲荷峰西《いなりみねにし》、南三里塚宮原第1遺跡などがあり、それぞれ遺跡では複数の環状ブロック群が発見されている（図62）。

このように下総台地では、いくつか環状ブロック群の集中する場所があるようにみえるが、この台地全体が平らであるため、今後さらに台地全域から多くの環状ブロック群が発見されると予想される。

大形動物の狩りの場所

環状ブロック群が集中する地域は、一定の場所で大集団が何度となくムラを築いていたことを意味している。大形のムラを営みやすい広い台地であって、当時の人びとがそこを好んで利用していたといえる。

その理由は、当然、狩りなどの当時の生活に適した有利な場所であったからだろう。関東平野とその周辺部の平原地域には、大形動物が多数生息していたと推測される。また野尻湖周辺も、こうした大形動物と関連した場所で、大形動物が季節ごとに群れをなして大移動してきたものと考えられる。

そして当時の人びとは、それらを狩りの対象とし、その移動にともない、環状ブロック群を残すような大集団となって、移動生活を営んでいたのであろう。

ただし、その移動生活は、大集団の移動で

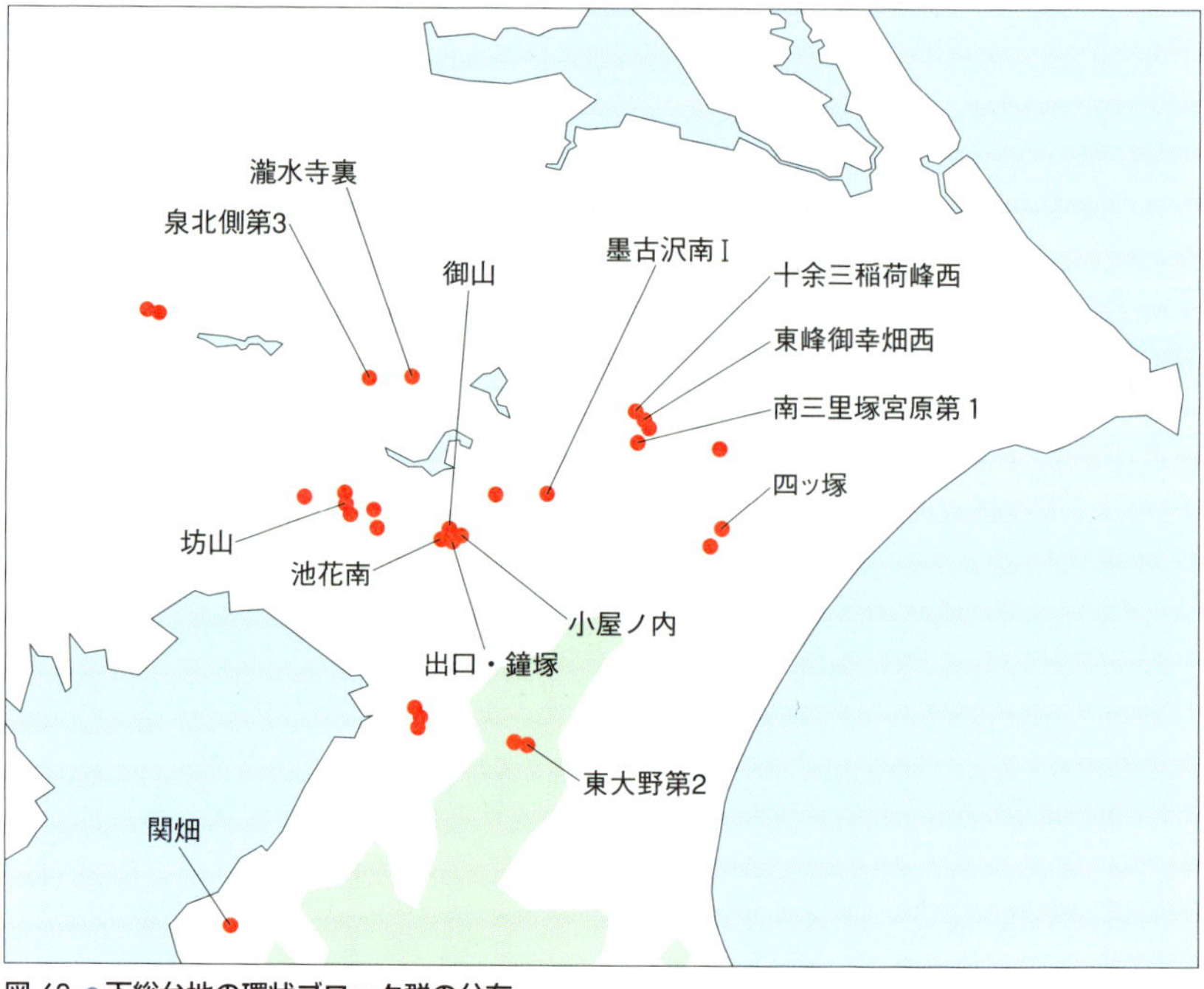

図 62 ● 下総台地の環状ブロック群の分布
台地上が平坦な地形である下総台地は、環状ブロック群がとくに多く分布している。今後も多数の遺跡が発見されるものと予想される。

あったのか、あるいは小集団となって分散した時期を経て、ふたたび目的地で大集団となるという「離合集散」をおこなっていたのか、にわかには決めがたい。岩宿時代I期には、環状ブロック群をなす遺跡もあれば、数ブロックのみで構成され環状をなさない小遺跡もある。その両者の具体的な関係がわかれば、当時の移動の様子や年間の行動サイクルなどが解明されるところであるが、今後の研究に期待しておきたい。

2　消えた環状のムラ

下触牛伏ムラの生活の光景

下触牛伏遺跡を代表とする環状ブロック群が発見されるまでは、岩宿時代に明確な形をもったムラはなく、二、三の家族が共同して移動生活を営んでいたと考えられていた。それが環状ブロック群の発見によって、広場を囲んでイエが建ち並ぶ整然としたムラが存在したことが明らかになった。ここでもう一度、下触牛伏遺跡で営まれていた生活を具体的に想像してみよう。

下触牛伏ムラでは、中央の広場を囲んで直径約五〇メートルの範囲に、二〇軒ものイエが建ち並んで、その内側は広場となっていた。広場の北側には、共同で管理するナイフ形石器がつけられた槍がある。男たちはその槍と自分たちが近くの利根川から拾ってきた安山岩で作った槍も持っている。また、肩や腰には柄を付けた石斧も携えている。

ある時、ムラの近くの湧水地にまちにまったナウマンゾウとオオツノジカが水を飲みに来た。

その大形動物を仕留めるために、男たちは手分けしてそれぞれの持ち場についた。数人の男たちが、群れから狙った個体を分かれさせて一頭にする。そしてそれを狩りの場所へとおびき出し、槍の名手がその獲物を見事に仕留める。

仕留めることができれば、石器で皮を剥ぎ、内臓を抜きとり、肉を骨から切り離していった。こうして得られた肉は、ムラ人全体に分配されたことであろう。中央の広場では、猟の成功を神に感謝するような祭りが開かれたのかもしれない。そしてしばらくは、大量の肉を食べて暮らし、石器や槍を作ったり、石斧の刃先を磨いたりして、つぎの狩りの準備をのんびりとおこなっていたことであろう。

しかし、そうした環状のムラの生活は、長くは続かなかったようだ。大形動物が季節とともに移動をはじめたのである。彼らもまた、テントのような家を簡単にとり壊し、動物たちを追ってつぎの場所へ出かけていった。そして、ある者はの石器に最適な石材である黒耀石をとりに高い山へと向かった。集団のまとまりはけっして固定的ではなかったのであろう。

このように、約三万年前という岩宿時代Ⅰ期に、一〇〇人近くの人びとが住む大形のムラがごく一般的に存在し、移動生活を営んでいたものと想像されるのである。

小さなムラと大きなムラ

しかし、岩宿時代Ⅰ期のムラすべてが、環状ブロック群に示されたような大形のムラであったともいえない。数ブロックが集まっただけの遺跡も当然あり、それらは数家族だけが暮らしていたものと考えられる。とすれば、そのような数家族によって残された小さなムラと、一〇家族以上もの大きなムラの両方が同時にあったことになろう。

こうした状況は、一般的には、数家族の集団がある時期集まって大集団をつくり、そしてまた小さな集団に戻るという「離合集散」という考え方で語られることが多い。狩猟採集という自然の摂理にまかせた生活では、集団で狩りをするときには集まり、木の実などが広い範囲に実るときには分散して生活したほうが有利であるというのである。

しかし、大形のムラである二〇以上もの家族が、「離合集散」によって決まった時期に決まった場所に集合することは困難ではないかと、現在最大の環状ブロック群として知られた上林遺跡を分析した出居博氏の考え方もあり、今後さらに議論が必要なところでもあろう。

ムラの分散

下触牛伏遺跡の発見を契機として、環状ブロック群が全国で発見されて二〇年が過ぎた。現在、I期以外の時期に石器が集中するブロックが円形に配列されたかのような遺跡がわずかながらあるが、二〇メートルを超えるものはいまだ発見されていない。

環状ブロック群がなくなる岩宿時代II期以降、大形のムラは影を潜め、III期やIV期になると、とくに南関東地方の各台地では、小河川に沿った台地の縁に遺跡が連綿と残される遺跡群を形成するようになる。安蒜政雄《あんびるまさお》氏は、I期の環状のムラが分散して、河川流域を移動しながら生活するという「川辺のムラ」として位置づけている。

ロシアのロングハウス

海外ではいまのところ、旧石器時代の遺跡には、環状ブロック群が発見された例は知れていないようだ。ただし、ロシアのシベリアや南ロシアには、マンモスを狩りしていたムラとして、二万数千年前のマリタ遺跡や一万数千年前のコスチェンキI遺跡などが知られている（図63）。

それぞれの遺跡とも、数棟が連結したような「ロングハウス」といわれる細長いイエの跡が発見されており、マリタ遺跡では、約五〇人もの人びとが一度に住み、マンモスやトナカイを狩猟していたという。

それらの遺跡では、骨や牙などが多量に発見されており、当時の獲物に関する情報やそれをイエの建築資材に使用している様子が具体的に遺跡に残されているのである。また、マンモスの象牙を使ったビーナス像も発見されるなど、当時の精神的な世界の様子も垣間見られるようだ。

しかし、それらの遺跡でも、イエが円形に配置された計画的なムラづくりがおこなわれたとは考えられていないのである。

図63 ● マリタ遺跡の住居跡
3軒が連結したロングハウス。円形の1軒の独立したイエも同時に存在していたと考えられ、ムラ全体で50人以上の人びとが生活していたと考えられている。

縄文時代の環状集落とのちがい

それでは、岩宿時代以降に環状のムラの形を示すようなことはあったのであろうか。「環状集落」という言葉で実際によく知られているのは、縄文時代の「定型的集落」とまでいわれる環状集落のほうである（図64）。数十軒、ときには数百軒もの住居跡が、径百数十メートルほどの円形に配置され、その内部には多数の土坑（貯蔵穴や墓壙）などが発見されるというものである。

しかし、この環状集落も、竪穴式住居跡同士が多数重なり合うことから、それらが同時に建ち並んでいたとは考えられてはいない。住居跡から発見された土器を細かく分析し、形や模様の特徴の研究で明らかにされた土器（型式）の年代や、一軒の竪穴式住居の存続年代などを考えると、縄文時代の環状集落で同時に建ち並んでいた住居は、数軒であることが多く、多くとも

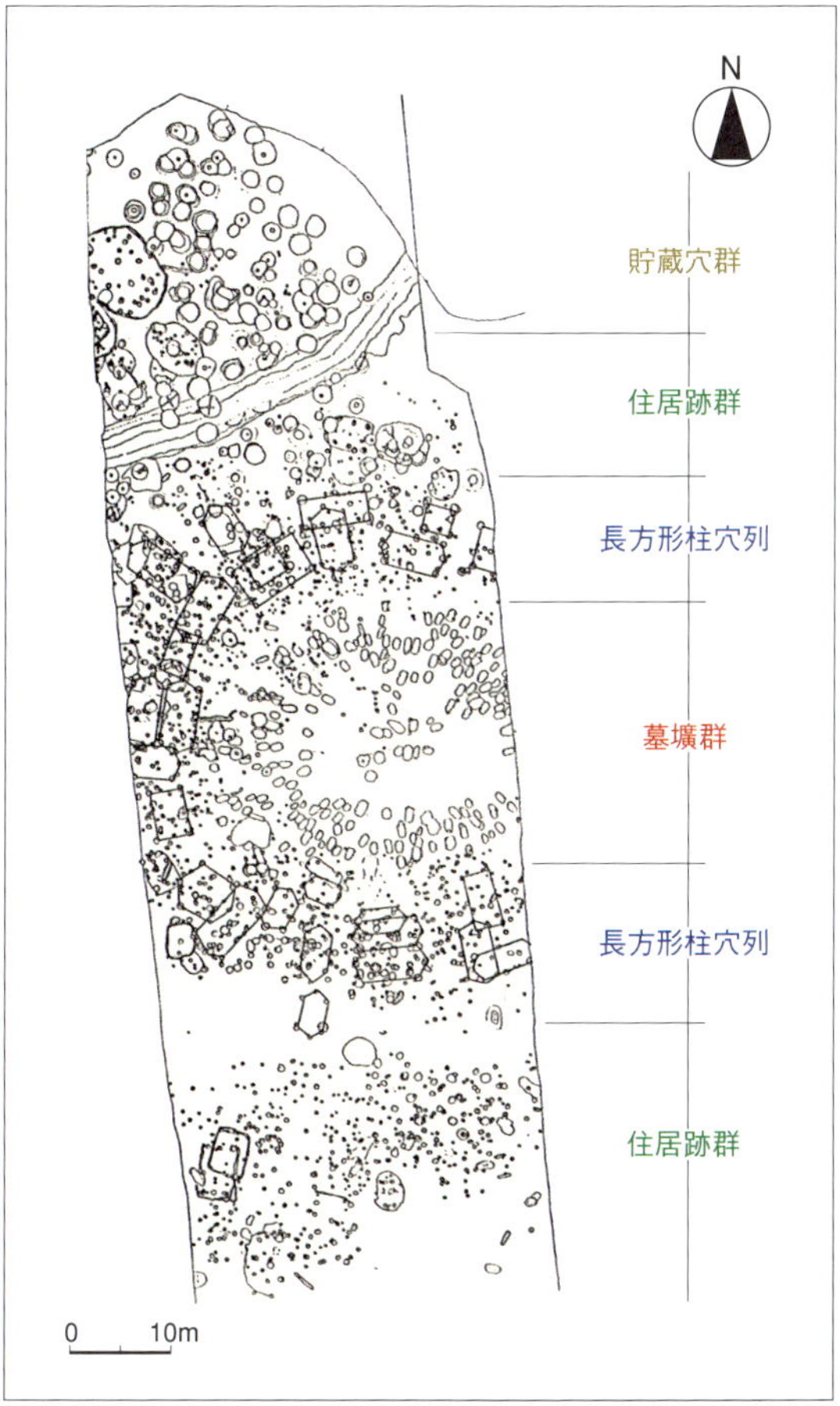

図64 ● 縄文時代の環状集落（岩手県西田遺跡）
中央には先祖の墓である墓壙群があって、次いで方形柱穴列群、そのまわりに住居群というように、同心円形に秩序のある村が長い年月をかけて作られていた。

せいぜい一〇軒程度であるという。それでもそれらの住居は、集落全体を円形に囲む位置にあることが多い。

この事実のみから考えると、縄文時代の環状集落よりも、下触牛伏遺跡などによって示された岩宿時代の環状ブロック群のムラのほうが、一時的にはその居住世帯や人数が多く、規模が大きいとさえいえる。

しかし、縄文時代の環状集落は、数十年数百年にわたって継続して、生活拠点としてのムラであり、その場所で墓をつくりあるいは祭りをするというように、長い期間、生活や信仰の中心地であった。それにくらべて岩宿時代の環状のムラは、竪穴式住居のような堅固なイエはなかったであろうし、石器作りに使った石器が、あたかもその場所に残されたままの状況であることを考えると、縄文時代と比較して、居住の場所としての個々のブロックやイエは短期間に使われたもので、その後、ふたたびその場所を使用して、それ以前の住民の遺物をかき散らかすことがなかったような状況で、形は似ていてもその内容は異なる部分が多くある。

3　環状ブロック群が語る「岩宿時代観」

それでも岩宿時代と縄文時代の環状のムラは、ある程度の大人数が暮らし、その居住するイエが広場を囲んで円形に配置される点は、共通している。そのことは、中央広場を囲んで均等に家が並ぶことから、「原始平等主義」の社会組織の反映とみることもできる。また、岩宿時代では石器の分配やその共同管理、縄文時代では墓や祭りの場として、当然その内容や性格は大きく異なっているが、中央の広場が集団を統合するための重要な意味ある場所であったという点では、その期間の長短はあっても同じような意味づけをもっていたと考えられるであろう。岩宿時代の環状のムラにも、縄文時代と同等ではないにしても、大集団を統合する一定の考え方とその方法があったことの証であろう。そして、岩宿時代の環状のムラについても、ある一定の社会的状態がすでに存在していたと考えられるのである。

環状ブロック群が語る岩宿時代社会は、もちろん現在のような、あるいは縄文時代のような複雑なものではなかったかもしれない。しかし、大人数がともに居住するような大形のムラの存在は、その社会がある時期、発展的な側面をもっていたことの証明であろう。そしてその後、長らく大集団でムラを営むことがなかったことは、社会の発展の実態は、わたしたちが考えるような単純な、「小から大へ」とか、「単純から複雑へ」といったような思考だけでは理解できないといえるであろう。歴史全体のなかで社会が一直線に発展してきたのではなく、多方向への発展、そしてあるときにはその後退も含めた多様な展開によっていることを示していると考えられるのである。

下触牛伏遺跡の発見で明らかにされた環状ブロック群から想像される大形のムラとそこで生活した多人数の集団の存在は、岩宿時代社会の変化、あるいは多様な社会の発展・展開のダイナミズムを理解し、その様相をあらためて考えるべきであるとわたしたちに教えてくれた。

参考文献

月見野遺跡調査団　一九六九『概報月見野遺跡群』　明治大学考古学研究室
戸沢充則　一九七七「岩宿へのながい道のり」『どるめん』一五号　JICC出版局
戸沢充則・須藤隆司・大竹憲昭　一九八二『下里本邑遺跡』　東久留米市教育委員会
鈴木忠司　一九八四『先土器時代の知識』　東京美術
鈴木次郎他　一九八四『栗原中丸遺跡』　神奈川県立埋蔵文化財センター
佐々木勝　一九八五「西田遺跡192」『岩手の遺跡』　岩手県埋蔵文化財センター
岩崎泰一他　一九八六『下触牛伏遺跡』　群馬県埋蔵文化財調査事業団
橋本勝雄・須田良平　一九八七「旧石器時代―一九八六年の動向―」『考古学ジャーナル』No.２７７　ニューサイエンス社
安蒜政雄　一九八八「文化の復原をめざして」『考古学ゼミナール　日本人類文化の起源』　六興出版
橋本勝雄　一九八九「AT降灰以前における特殊な遺物分布の様相」『考古学ジャーナル』No.３０９　ニューサイエンス社
安蒜政雄　一九九〇「先土器時代の生活空間―先土器時代のムラ―」『日本村落史講座２　景観Ⅰ　原始・古代・中世』　雄山閣
岩宿フォーラム実行委員会　一九九三『環状ブロック群―岩宿時代の集落の実像にせまる―』　資料集　笠懸野岩宿文化資料館
木村英明　一九九七『シベリアの旧石器文化』　北海道大学図書刊行会
五十嵐一治他　一九九八『家の下遺跡（２）　旧石器時代編』　秋田県教育委員会
津島秀章　一九九九『三和工業団地Ⅰ遺跡（１）―旧石器時代編―』　群馬県埋蔵文化財調査事業団
谷　和隆他　二〇〇〇『日向林B遺跡　日向林A遺跡　七ツ栗遺跡　大平B遺跡』　長野県埋蔵文化財センター
小菅将夫　二〇〇〇「環状ブロック群の構造」『考古学ジャーナル』No.４６５　ニューサイエンス社
西口　徹他　二〇〇一『松尾町・横芝町四ツ塚遺跡・松尾町千神塚群』　千葉県文化財センター
稲田孝司　二〇〇一『先史日本を復原する１　遊動する旧石器人』　岩波書店
小菅将夫　二〇〇三「環状ブロック群研究の現状と課題」『旧石器人たちの活動をさぐる』　講演会・シンポジウム予稿集
出居　博　二〇〇四『上林遺跡』　佐野市教育委員会
新田浩三　二〇〇四『袖ヶ浦市関畑遺跡』　千葉県文化財センター
日本旧石器学会　二〇〇五『環状集落―その機能と展開をめぐって』日本旧石器学会第３回講演・研究発表シンポジウム予稿集
笠懸野岩宿文化資料館　二〇〇五　第40回企画展『環状ブロック群―三万年前の巨大集落を追う―』　展示図録

●写真借用

岩宿博物館：図7、9、21～23、25～29、33～38、41、43、44、46、48、49、52～54、56、57、58、59
（図7、53以外は小川京一郎氏撮影）
群馬県埋蔵文化財調査事業団：図1、4、5、61
明治大学博物館：図8、12、14
国際基督教大学考古学研究センター：図11
長野県立歴史館：図31、60
千葉県教育振興財団：図40、50、55
佐野市教育委員会：図42

●資料の所蔵者

群馬県埋蔵文化財調査事業団：下触牛伏遺跡（図21～23、25～28）、三和工業団地I遺跡（図48、49）／千葉県教育振興財団：出口・鐘塚遺跡（図9）、御山遺跡（図41）、四ツ塚遺跡（図56～58）、関畑遺跡（図59）／明治大学博物館：砂川遺跡（図14）／長野県立歴史館：日向林B遺跡（図33～38）／佐野市教育委員会：上林遺跡（図43、44、46）／成田市教育委員会：南三里塚宮原第1遺跡第2地点（図52）／栃木県立博物館：ナウマンゾウ全身骨格レプリカ（図54）

●引用図版

図3：国土地理院五万分の一地形図「前橋」より／図6、24：岩崎他　一九八六（一部改変）／図13：月見野遺跡群調査団　一九六九／図15：安蒜　一九八八（一部改変）／図16：鈴木忠司　一九八四／図17：鈴木次郎他　一九八四／図20：岩崎他　一九八六を基に笠懸野岩宿文化資料館　二〇〇五（一部改変）／図30、62：笠懸野岩宿文化資料館　二〇〇五を基に作成／図32：谷他　二〇〇〇を基に小菅　二〇〇三／図39：五十嵐他　一九九八（一部改変）／図45　出居　二〇〇四／図47：津島　一九九九を基に笠懸野岩宿文化資料館　二〇〇五／図51：戸沢他　一九八二を基に作成／図58：西口他　二〇〇一を基に笠懸野岩宿文化資料館　二〇〇五（一部改変）／図59：新田　二〇〇四を基に笠懸野岩宿文化資料館　二〇〇五（一部改変）／図63：木村　一九九七（一部改変）／図64：佐々木　一九八五／小菅作図：図10、18、19

岩宿博物館

・群馬県みどり市笠懸町阿左美1790―1
・電話　0277―76―1701
・開館時間　9：30～17：00（入館は16：30まで）
・休館日　月曜日（祝日の場合はその翌日）、12月27日～1月5日

岩宿博物館（中央の銀色の屋根、背後の二つの山の間が岩宿遺跡）

・入館料　大人：300円・高校生：200円・小中学生：100円
・交通　JR両毛線岩宿駅より徒歩20分（タクシーあり）、北関東自動車道・伊勢崎インターから約20分）

●岩宿博物館は、日本に旧石器段階の時代があることをはじめて証明した岩宿遺跡とその時代を紹介し、岩宿時代研究の情報発信基地となるべく一九九二年に開館した。二階の常設展示室には、「相沢忠洋氏と岩宿遺跡の発掘」、「岩宿時代の自然環境」、「岩宿時代の暮らし」などの展示コーナーがあり、岩宿時代の全体像がわかるような展示となっている。

●岩宿時代の環状のムラの姿をはじめて明らかにした下触牛伏遺跡の展示コーナーがあり、円環部の世帯ブロック、ブロック間の接合関係、中央ブロックなどが映像とともに電飾を変化させて紹介されている。

●毎年企画展示や連続市民講座『岩宿大学』などさまざまな事業が開催されている。事前予約制で黒耀石を使って石槍の穂先を作る石器作りの体験学習もおこなわれており、小学校の団体が社会科見学の一環として訪れることも多い。

●博物館から徒歩3分のところにある国指定史跡の岩宿遺跡には、一九四九年に発掘調査が実施されたA地点があり、記念碑や説明版が設置されている。道をへだてたB地点には、ガイダンス施設として岩宿ドームがあり、そのなかで岩宿遺跡の土層断面の剥ぎ取りが展示され、岩宿遺跡とその時代を、アニメーションを使ってわかりやすく紹介している。

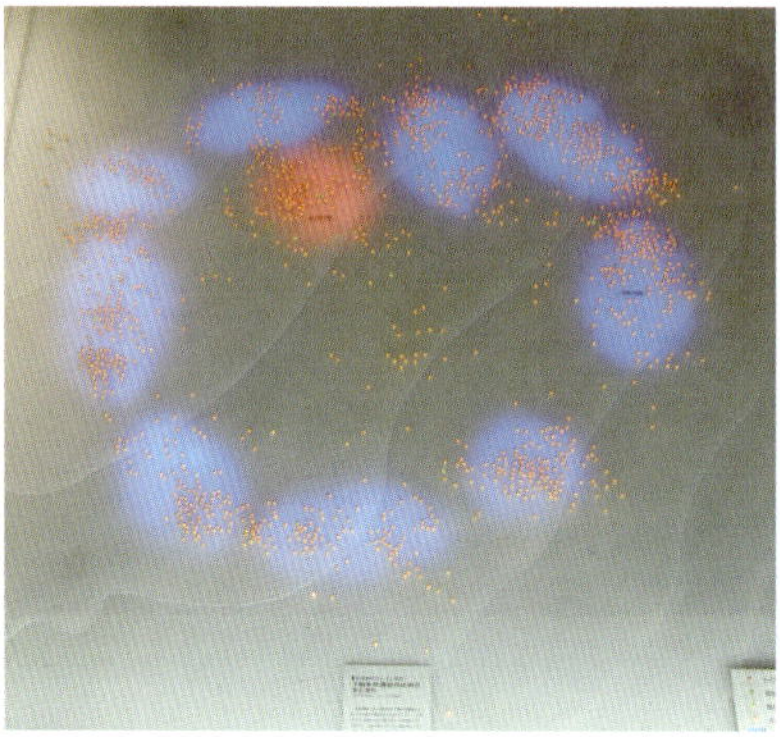
下触牛伏遺跡の環状ブロック群の展示

刊行にあたって

「遺跡には感動がある」。これが本企画のキーワードです。

あらためていうまでもなく、専門の研究者にとっては遺跡の発掘こそ考古学の基礎をなす基本的な手段です。また、はじめて考古学を学ぶ若い学生や一般の人びとにとって「遺跡は教室」です。

日本考古学では、もうかなり長期間にわたって、発掘・発見ブームが続いています。そして、毎年厖大な数の発掘調査報告書が、主として開発のための事前発掘を担当する埋蔵文化財行政機関や地方自治体などによって刊行されています。そこには専門研究者でさえ完全には把握できないほどの情報や記録が満ちあふれています。しかし、その遺跡の発掘によってどんな学問的成果が得られたのか、その遺跡やそこから出た文化財が古い時代の歴史を知るためにいかなる意義をもつのかなどといった点を、莫大な記述・記録の中から読みとることははなはだ困難です。ましてや、考古学に関心をもつ一般の社会人にとっては、刊行部数が少なく、数があっても高価なその報告書を手にすることすら、ほとんど困難といってよい状況です。

いま日本考古学は過多ともいえる資料と情報量の中で、考古学とはどんな学問か、また遺跡の発掘から何を求め、何を明らかにすべきかといった「哲学」と「指針」が必要な時期にいたっていると認識します。

本企画は「遺跡には感動がある」をキーワードとして、発掘の原点から考古学の本質を問い続ける試みとして、日本考古学が存続する限り、永く継続すべき企画と決意しています。いまや、考古学にすべての人びとの感動を引きつけることが、日本考古学の存立基盤を固めるために、欠かせない努力目標の一つです。必ずや研究者のみならず、多くの市民の共感をいただけるものと信じて疑いません。

監　修　戸沢　充則

編集委員　石川日出志　小野　正敏
勅使河原彰　佐々木憲一

著者紹介

小菅将夫（こすげ・まさお）

1960年群馬県生まれ。明治大学大学院博士前期課程修了。笠懸町教育委員会社会教育課を経て、現在、岩宿博物館学芸員。岩宿フォーラム実行委員会事務局。
主な著作「環状ブロック群の構造」（『考古学ジャーナル』No.465)、「環状ブロック群研究の現状と課題」（『旧石器人たちの活動をさぐる』)、『群馬の旧石器』（共著）ほか。

シリーズ「遺跡を学ぶ」030

赤城山麓の三万年前のムラ・下触牛伏《しもふれうしぶせ》遺跡

2006年 9月20日　第1版第1刷発行

著　者＝小菅将夫

発行者＝株式会社 新 泉 社
東京都文京区本郷2-5-12
振替・00170-4-160936番　TEL03(3815)1662／FAX03(3815)1422
印刷／太平印刷社　製本／榎本製本

ISBN4-7877-0640-3　C1021

シリーズ「遺跡を学ぶ」（第Ⅰ期・全30冊＋別冊1）